短期集中編

SOGO HOREI PUBLISHING CO., LTD

速読体験者の声

筆者の速読教室では、受講生が次々に速読を習得しています！
速読ができるようになると、情報処理能力が高まる、時間が生まれる、仕事の効率が上がる、視力がよくなるといったメリットがあります。ここでは、4人の体験者の声を紹介しましょう。

読書が苦痛から楽しみに変わりました

仕事柄、法律の専門書を読むことが多く、読解するのに時間がかかっていました。ところが、速読トレーニング後は、調べものをする速度が速くなり、読書そのものが苦痛から楽しみに変わりました。2倍ぐらいになればいいと思っていた読書速度も3～4倍になり、自分でもこの結果に驚いています。速読は使わなければ忘れてしまうものなので、これからもトレーニングを続けて、今よりも速く本を読めるようになりたいです。（20代・男性）

通勤中の20分で本を1冊読めるようになりました

速読を始める前は1分間に1700字程度しか読めなかったのが、7000字近く読めるようになりました。毎日20分の通勤電車の中で、本を1冊読めるようになったのです。
読むスピード以外にも、本を読むこと自体が億劫に感じなくなり、加えて視力も2段階ほど上がる効果を得られました。さまざまな文章に目を通せるようになったことで、今まで得られなかったひらめきも多くなったように感じます。
（30代・男性）

新聞の1面を1分以内で読んでいます

速読日本一の角田先生の速読を学びたくて教室に通い始めました。速読トレーニングを始めてから、新聞の1面を1分以内に全て読めるようになりました。毎日読んでいる新聞ですから、これだけで1日の使える時間が変わりました。また、文章をブロックごとに見て理解する方法を身につけたおかげで、難しい本でも楽に読めるようになりました。これからもどんどん速読を極めて、いろいろな分野の本を楽しく読んでいきたいです。（40代・女性）

決断力が格段に上がりました

元々は、本を速く読みたいと思って始めた速読でしたが、効果は思いもよらぬ形であらわれました。読んで理解するスピードが上がったことで、仕事や日常生活で、決断力が上がったのです。たとえばメール処理に費やす時間が半分以下に短縮されました。また、買ったまま読まずに本が積み重なっている罪悪感からも解放されました。本や雑誌、インターネットなどさまざまな媒体から情報を身につけて、今後にいかしていきたいです。（30代・女性）

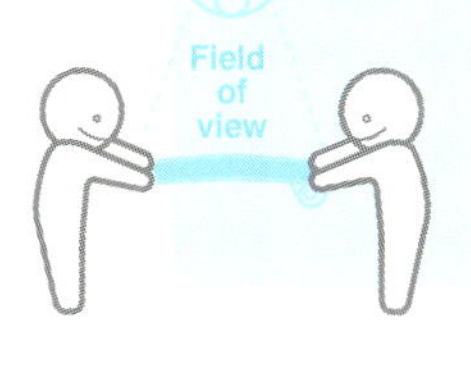

はじめに

「時間がない」「忙しい」が口癖になっていませんか?

まじめに働いているのに、気づけば今日も終電。いつも時間が足りない……
一生懸命勉強しているはずなのに、なぜかいつも思ったようにはかどらない……
こんなふうに感じた経験はないでしょうか?
一方で、サクサク仕事を終わらせてプライベートも充実。短時間で集中して勉強し、クラブ活動も充実。はたから見て「いいな」と感じる人もいると思います。
なぜ、同じ24時間を過ごしているのに、こんなに違いが出るのでしょうか。

どうすれば、
今の忙しさから抜け出せるのでしょうか。

そのヒントが、「速読」にあります。

想像してみてください。

朝の忙しい時間帯に、新聞の一面が1分で読めたら……
膨大な数のメールを
これまでの3倍のスピードで処理できたら……
本を1日16冊読めたら……

「時間がない」という焦りから解放されると思いませんか？

本を1冊も読めないダメダメ状態から速読日本一へ

こんにちは。角田和将と申します。私は現在、全国各地で速読教室を運営しています。

こう言うと、「もともと本好きで、速読の能力が高かったんでしょう?」と思う方がいますが、そうではありません。むしろ、その逆。

つい数年前までは速読はおろか、普通の読書でさえまともにできませんでした。

学生時代は国語が大の苦手で、どんなに勉強しても偏差値は40台。大学以降は全くと言っていいほど本を読みませんでした。

そんな私が速読を始めたきっかけは、ある人との出会いでした。住宅ローンの返済に悩まされていたとき、なんとか稼ごうと、ある投資家に弟子入りしたのです。すると、いきなり本を30冊渡され、「これを読んでから指導を始めるので」といわれました。1冊500ページはあったでしょうか。すでに高額のコンサル契約を交わしていた手前、もう後には引けません。

「この本をとにかく読めるようにならなければ!」その一心で、近所にあった速読教室に通い始めました。すると思いのほか楽しく、どんどんのめり込んでいきました。そして気づけば1年かからずに、全国速読コンテストで1位になっていました。時間を効率よく使えるようになったおかげで、安定して稼げるようにもなりました。また、そこでの経験をもとに２０１５年、『１日が27時間になる！　速読ドリル』を上梓。翌２０１６年には『頭の回転が3倍速くなる！　速読トレーニング』を出版する機会にも恵まれ、合計15万部を超えるベストセラーになりました。

ここでお伝えしたいのは、**速読に才能は必要ない**ということです。むしろ、速読はトレーニングさえすれば、誰にでもできるようになるということ。しかも**速読は一度身につければ、一生モノの財産になる能力**なのです。

本書は前記の２冊で好評だった問題をもとに、より「短時間で」「楽しく」速読が身に付くよう、工夫して作りました。問題数も大幅に増やしましたので、かなりやり応えもあると思います。ぜひご家族やご友人、大切な方と一緒に楽しんでもらえれば幸いです。

角田和将

CONTENTS

装丁　藤塚尚子（デジカル）／本文デザイン・イラスト（P29〜36）土屋和泉
イラスト　村山宇希（ぽるか）／図表・DTP　横内俊彦

本書の使い方

第1章 人生が変わる速読力を身につける

第1章では、速読の理論やトレーニングを始めるうえでの注意点を説明します。普通の読書と速読の違いや速読ができるようになるとどんなメリットがあるのか、速読トレーニングの原則など、実際にトレーニングに取り組む前に知っておきたいメソッドを説明します。

第2章 視野を拡大するトレーニング

第3章 認識力を高めるトレーニング

第4章 アウトプット力を高めるトレーニング

第2〜4章では、実際に速読を鍛えてもらうためのドリルを用意しました。それぞれのトレーニングの最初のページに説明と例題を設けています。まずは、説明と例題を読み、問題で鍛える力、その解き方を知ったうえでトレーニングに取り組みましょう。

トレーニングの問題です。解答ページは、ページ下部に記載しています。

トレーニングの内容です。どんな力を鍛えるのかがわかります。

トレーニングの名前です。

トレーニングの例題です。問題の解き方や、取り組む際のポイントを押さえます。

数字なぞりトレーニング

やり方と注意点

問題に数字やアルファベットが並んでいます。順番に見つけていきましょう。

この問題には普段酷使している目をストレッチする効果があります。より速く解こうとすると、目線を動かす幅を短くし、必然的に視野を広くする必要があります。

最初は1問に1分以上かかってしまった方でも、毎日1問ずつ続けていくことで、必ずできるようになります。数日空いてもいいので、続けることが大切です。

例題

視野を広く取り、なるべく視線を動かさないように意識しましょう。

1 15 8 19 16 20 7 2 18 9 14 10 6 3 17 12 5 13 11 4

Point

文字の大小を極端にするなど、自分なりに工夫して問題を作ってみてもいいでしょう。

1 27 25 6 20 5 13 15 30 19 10 17 29 8 4 24 7 11 21 12 14 28 9 23 2 3 16 18 22 26

第1章

人生が変わる速読力を身につける

速読を身につけるトレーニングに
入る前に、まずは「速読ができる」とは
どのような状態なのかといった
基本的な知識や、速読を上達させるため
の原理原則について紹介していきます

「速読ができるようになる」とは？

「読んで理解」から「見て理解」に切り替える

速読と普通の読み方の違いを知るために、まずは「速読ができるようになる」とはどんな状態かを考えてみましょう。

普通の読み方は、文字を目で一文字ずつ追いかけ、音声化して理解します。一方、速読では文章をパッと見て、瞬時に情景を思い浮かべたり、何を言っているのかを無意識に理解します。つまり、速読ができる人は文章を**「読んで理解」するのではなく、「見て理解」している**のです。

「見て理解」というと、特殊な能力に思えるかもしれませんが、レストランの看板やメニュー表を見るとき、私たちは自然と「見て理解」をしています。メニューを一文字一文字つぶさに読んでいくことはしていませんよね。これと同じことを読書にも応用することが速読の第一歩なのです。

図1 「読んで理解」から「見て理解」へ

〈読んで理解する人〉

1文字ずつ文章の意味を考えながら読む

〈見て理解する人〉

文章をパッと見て瞬時にイメージを思い浮かべる

速読は時間を生み出す最強のツール

速読は忙しい人にこそ向いている

「やりたいことがあるのに、仕事が忙しくて手がつけられない」。こんな悩みを抱えている方が多くいます。速読はこうした忙しい人にこそ向いています。

私たちはふだん、多くの時間を文字を読むことに費やしています。メールや資料の作成、インターネット上にある記事の閲覧など、本はあまり読まないという人でも、1日のうちどこかで必ず文字を目にしているはずです。

文字を読むスピードが速くなると、それに費やしていた時間が短くなるので、結果として**「時間」という貴重な財産を手に入れることができます**。

自由に使える時間が増えると、その時間を使ってやりたいことがやれるようになります。本書で「速読」を身につけてぜひ時間を作り出しましょう。

図2　インプットが高速化される

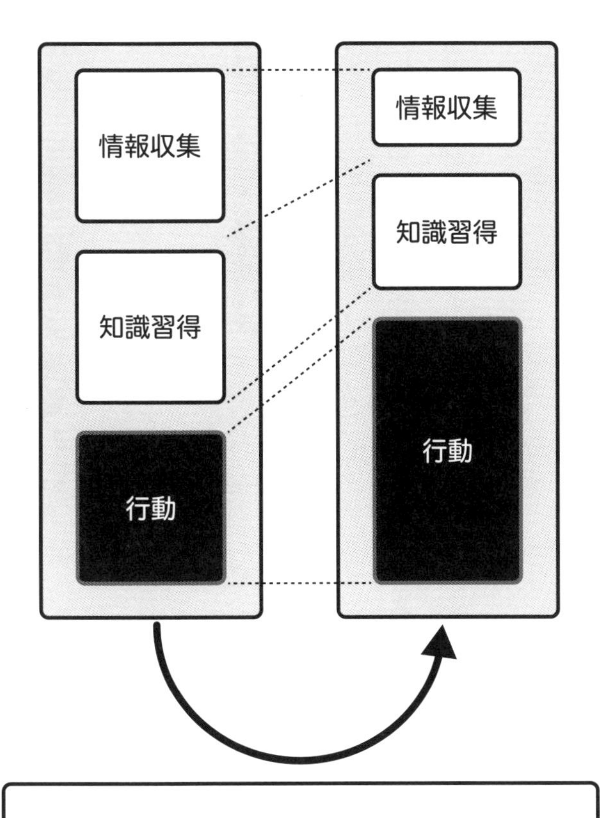

「見て理解」する速読の読み方とは？

目線移動と視野拡大

私たちはどのようにして文字を読んでいるのでしょうか。「読む」とは、**①文字を見る（認識する）**、**②次の文字に目線を移動させる**、このたった2つの動作の繰り返しです。つまり、今よりも一度に認識できる文字数が増えて、速く読めるようになるのです。

また、12ページで説明をしたように、文章をなぞるのではなく、見て理解することも大切です。まずは、一目で理解できる文字数を意識して「見て」いきます。5~7文字ほどがちょうどいいでしょう。慣れてきたら、15文字、30文字、1行といったように見る文字数を増やしていくと、速読が上達します。**文**

章を大きな塊（ブロック）ごとに見ていくようにすると、自然と幅広く文字を見ることができるようになります。

図3　目の動きと視野の広さ

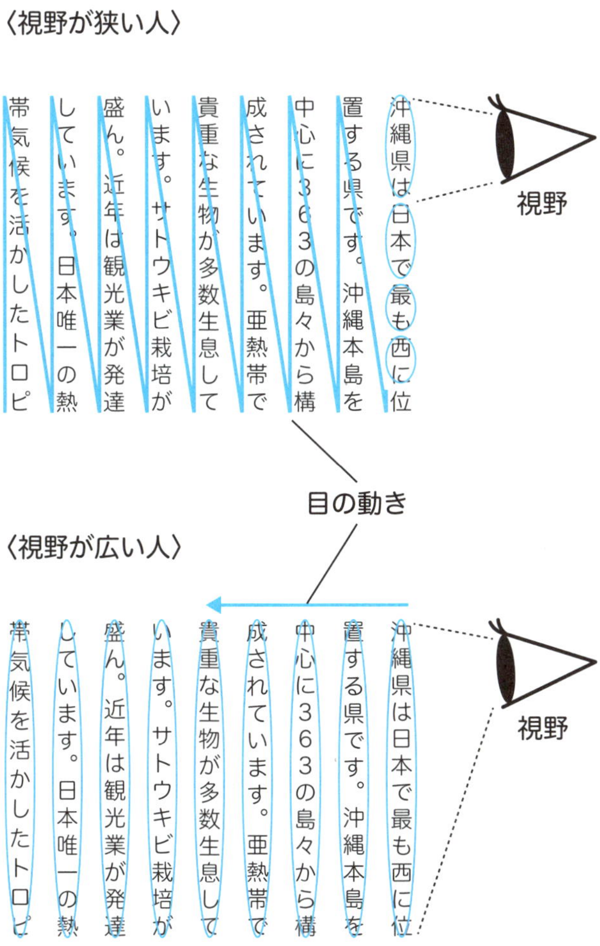

〈視野が狭い人〉

視野

沖縄県は日本で最も西に位置する県です。沖縄本島を中心に363の島々から構成されています。亜熱帯で貴重な生物が多数生息しています。サトウキビ栽培が盛ん。近年は観光業が発達しています。日本唯一の熱帯気候を活かしたトロピ

目の動き

〈視野が広い人〉

視野

沖縄県は日本で最も西に位置する県です。沖縄本島を中心に363の島々から構成されています。亜熱帯で貴重な生物が多数生息しています。サトウキビ栽培が盛ん。近年は観光業が発達しています。日本唯一の熱帯気候を活かしたトロピ

速読が上達しやすい人に共通することは？

楽しみながら取り組めば誰でも成果は出せる！

速読が上達しやすい人の特徴として、速読を習得した後、どうなりたいかをイメージしていることが挙げられます。「本を月30冊は読みたい」「仕事の効率をよくしたい」など、なりたい姿を具体的にイメージすることが大切です。目的がはっきりすれば、トレーニングにも意欲的に取り組めるようになります。

ほかにも、速読が上達しやすい人には3つの特徴があります。

1つ目は、完璧を求めず、できることから取り組もうとすることです。2つ目は、イメージする能力が高いということ。そして3つ目は、動体視力が高いということです。

いずれも速読を始める段階でできている必要はありません。トレーニングすることで鍛えられますので、まずはこの3つを意識することから始めましょう。

図4　速読が上達しやすい人の3つの特徴

❶完璧を求めず、できることから取り組む

いきなり100点を取ろうと思っても、肩に力が入るばかりでうまくいきません。10点でも20点でもいいので、まずは自分でもできそうなトレーニングから始めましょう。

❷イメージする能力が高い

この能力を鍛えることで、文字をパッと見ただけで情景が思い浮かび、よりスピーディーに読めるようになります。第3章のトレーニングでどんどん鍛えましょう。

❸動体視力が高い

目線移動や視野拡大などがスムーズにできるようになると、速読の能力もどんどん上がっていきます。後天的に鍛えられる能力ですので、第2章以降のさまざまなトレーニングを通じてしっかり鍛えましょう。

1冊をどのくらいの時間で読めれば速読なのか？

魔法のようなスキルを目指す必要はありません

速読に「本をパラパラとめくるだけで完璧に内容を理解できる」といったイメージを持つ方もいますが、決して目指す必要はありません。達成までの道のりがあまりにも遠いと、トレーニングを持続できなくなる原因になりかねません。**目標は現実的なものに設定するほうが、上達スピードは速くなります**。

たとえば単行本1冊、1日1時間で読むことを目指すとします。一般的な読書速度は1分間に平均600字といわれています。これは単行本7～8万字を読み終えるまでに2時間前後かかることになります。ここで読むスピードを2倍速くすれば、1時間に短縮できます。1日1冊、いや、2冊読めるようになれば、土日に2冊ずつ読んだとして、1週間で14冊になります。魔法のようなスキルを目指さなくても、この速さで十分速読はできるようになるのです。

図5　速読では、現実的な目標設定から始めよう

目標

まずは単行本1冊を1日1時間で読むと決める

なぜ1時間か？

一般的な読書速度は1分間に平均600字といわれています。これは単行本7～8万字を読み終わるまでに2時間前後かかることになります。このスピードを半分にすることをまず目指しましょう。

1週間で本を読む量の現実的なめやす

- 1日1冊、頑張って2冊読む
- 土日に頑張って2冊ずつ読む
  ⇒7日間で14冊！

魔法のようなスキルを目指さなくても、この速さで十分速読はできるようになります！

速読トレーニングの原理原則

トレーニングに没頭しすぎない

さて、いよいよ次の章からトレーニングに入っていきます。ここまで説明をしてきた速読の原則をあらためておさらいしましょう。「見て理解」するには、**①〝高速で〟文字を見る、②〝幅広く〟文字を見る**。この2点が原則です。トレーニングに没頭すると、ついついこの2点を忘れがちになってしまいますが、必ずこの2点を意識しながら取り組むようにしてください。

また、私は著書を通してトレーニング方法に制限はないことを伝えています。問題を解き終わったあとも、自分なりに問題になりそうなものを探し、実践し続けると、より速読力は鍛えられます。

第2章

視野を拡大するトレーニング

この章では、速読において重要な視野を
広げるドリルを紹介します。
ぱっと見て認識できる文字数が増えれば、
本や文章を読む速度は速くなります。
まずは楽しみながら
トレーニングを始めましょう。

数字なぞりトレーニング

やり方と注意点

問題に数字やアルファベットが並んでいます。順番に見つけていきましょう。

この問題には普段酷使している目をストレッチする効果があります。より速く解こうとすると、目線を動かす幅を短くし、必然的に視野を広くする必要があります。

最初は1問に1分以上かかってしまった方でも、毎日1問ずつ続けていくことで、必ずできるようになります。数日空いてもいいので、続けることが大切です。

例題

視野を広く取り、なるべく視線を動かさないように意識しましょう。

1　15　8
19
16　20　7　2
18　14
9　10
6　3
17
12　5　13
11　4

Point

文字の大小を極端にするなど、自分なりに工夫して問題を作ってみてもいいでしょう。

本題 1

1 27 25
6
20
5 13
15
30
19 10 17
29
8
4 24
7 11
21
12
14 28
9
23 2
3
16
18
22 26

13
20
8
6
5
28
15
21
24
30
12
2
3
19
23
17
4
7
9
11
14
1
27
29
26
16
25
10
22
18

本題 3

t v d

w s r

e b u

y k p

j l h

a q

c

x

o f

z m

i

g n

S D
X
R
B
N
P
E U
K
T
C A
J G
H
I W
V
F
O Q
L
Y
Z
M

間違い探しトレーニング（イメージ編）

やり方と注意点

2枚のイラストを見比べて違いを探す問題です。先ほどの数字なぞりトレーニングと同じように、視点を動かさずに幅広く見ることを意識してください。

細かく違いを探さないようにすることで、速読に大切な幅広く見る力が身につきます。

また、イラスト全体を「パッと見て理解」することで、短時間で必要な情報を見分ける力が鍛えられます。

例題

Point

この問題とP.37からの問題を解くと、より速読の力が鍛えられます。

（間違いは 7 つあります）

※解答は 36 ページ

（間違いは 7 つあります）

※解答は 36 ページ

常に初陣
DOKI DOKI

（間違いは７つあります）

本題 3

※解答は36ページ

2

1

3

間違い探しトレーニング（文字編）

やり方と注意点

各問2ページにわたり同じ漢字が並んでいます。その中から1つだけ違う漢字を見つけましょう。ここまでの問題と同じように、視線はできるだけ動かさず、1秒でも早く見つけるという意識で取り組みます。この問題を解くスピードが上がれば、視野を広く取ることができるようになります。視野が広がると、限られた時間で欲しい情報を得られる力が身につきます。こうした力は仕事だけでなく、TOEICなどの短時間で大量の問題を解くような試験でも生かされます。

例題

視線は問題の周囲から、円を描くようにして動かすようにしましょう。

大	大	大	大	大	大	大	大	大	大
大	大	大	大	大	大	大	大	大	大
大	大	大	大	大	大	大	大	大	大
大	大	大	大	大	大	大	大	大	大
大	大	大	大	大	大	大	大	大	大
大	大	犬	大	大	大	大	大	大	大
大	大	大	大	大	大	大	大	大	大
大	大	大	大	大	大	大	大	大	大
大	大	大	大	大	大	大	大	大	大
大	大	大	大	大	大	大	大	大	大

Point

視線の移動が少なければ少ないほど、間違いを見つけるスピードが速くなります。

美　美　美　美　美　美

美　美　美　美　美　美

美　美　美　美　美　美

美　美　美　美　美　美

美　美　美　美　美　美

美　美　美　美　美　美

美　実　美　美　美　美

美　美　美　美　美　美

美　美　美　美　美　美

※解答は 44 ページ

美　美　美　美　美　美

美　美　美　美　美　美

美　美　美　美　美　美

美　美　美　美　美　美

美　美　美　美　美　美

美　美　美　美　美　美

美　美　美　美　美　美

美　美　美　美　美　美

美　美　美　美　美　美

本題 **2**

靴　靴　靴　靴　靴　靴

靴　靴　靴　靴　靴　靴

靴　靴　靴　靴　靴　靴

靴　靴　靴　靴　靴　靴

靴　靴　靴　靴　靴　靴

靴　靴　靴　靴　靴　靴

靴　靴　靴　靴　靴　靴

靴　靴　靴　靴　靴　靴

靴　靴　靴　靴　靴　靴

※解答は 44 ページ

靴 靴 靴 靴 靴 靴

靴 靴 靴 靴 靴 靴

靴 靴 靴 靴 靴 靴

靴 靴 靴 靴 靴 靴

靴 靴 靴 靴 靴 靴

靴 靴 靴 鞄 靴 靴

靴 靴 靴 靴 靴 靴

靴 靴 靴 靴 靴 靴

靴 靴 靴 靴 靴 靴

本題 3

齋	齋	齋	齋	齋	齋
齋	齋	齋	齋	齋	齋
齋	齋	齋	齋	齋	齋
齋	齋	齋	齋	齋	齋
齋	齋	齋	齋	齋	齋
齋	齋	齋	齋	齋	齋
齋	齋	齋	齋	齋	齋
齋	齋	齋	齋	齊	齋
齋	齋	齋	齋	齋	齋

※解答は 44 ページ

齋　齋　齋　齋　齋　齋

齋　齋　齋　齋　齋　齋

齋　齋　齋　齋　齋　齋

齋　齋　齋　齋　齋　齋

齋　齋　齋　齋　齋　齋

齋　齋　齋　齋　齋　齋

齋　齋　齋　齋　齋　齋

齋　齋　齋　齋　齋　齋

齋　齋　齋　齋　齋　齋

Answer 

1

美	美	美	美	美	美	美	美	美	美	美	美
美	美	美	美	美	美	美	美	美	美	美	美
美	美	美	美	美	美	美	美	美	美	美	美
美	美	美	美	美	美	美	美	美	美	美	美
美	美	美	美	美	美	美	美	美	美	美	美
美	美	美	美	美	美	美	美	美	美	美	美
美	美	美	美	美	美	美	実	美	美	美	美
美	美	美	美	美	美	美	美	美	美	美	美
美	美	美	美	美	美	美	美	美	美	美	美

2

靴	靴	靴	靴	靴	靴	靴	靴	靴	靴	靴	靴
靴	靴	靴	靴	靴	靴	靴	靴	靴	靴	靴	靴
靴	靴	靴	靴	靴	靴	靴	靴	靴	靴	靴	靴
靴	靴	靴	靴	靴	靴	靴	靴	靴	靴	靴	靴
靴	靴	靴	靴	靴	靴	靴	靴	靴	靴	靴	靴
靴	靴	靴	鞄	靴	靴	靴	靴	靴	靴	靴	靴
靴	靴	靴	靴	靴	靴	靴	靴	靴	靴	靴	靴
靴	靴	靴	靴	靴	靴	靴	靴	靴	靴	靴	靴
靴	靴	靴	靴	靴	靴	靴	靴	靴	靴	靴	靴

3

齋	齋	齋	齋	齋	齋	齋	齋	齋	齋	齋	齋
齋	齋	齋	齋	齋	齋	齋	齋	齋	齋	齋	齋
齋	齋	齋	齋	齋	齋	齋	齋	齋	齋	齋	齋
齋	齋	齋	齋	齋	齋	齋	齋	齋	齋	齋	齋
齋	齋	齋	齋	齋	齋	齋	齋	齋	齋	齋	齋
齋	齋	齋	齋	齋	齋	齋	齋	齋	齋	齋	齋
齋	齋	齋	齋	齋	齋	齋	齋	齋	齋	齋	齋
齋	齋	齋	齋	齋	齋	齋	齋	齋	齋	齊	齋
齋	齋	齋	齋	齋	齋	齋	齋	齋	齋	齋	齋

模様間違い探しトレーニング

やり方と注意点

イラストに描かれた動物のうち、1つだけ異なる動物を見つけましょう。

この問題でも、イラストを1つずつ見ていくのではなく、できるだけ視線を動かさず、全体を見て理解することを意識しながら行います。

ここまでのトレーニングを実践したら、書店に出掛け、数多くの本の中から目的の本を見つける練習をしてみてください。これまでより速く本を探せるようになっているでしょう。

例題

視野を広く取り、全体を見て間違いを見つけるよう意識しましょう。

Point

速読に必要な「見て理解」する感覚を鍛えることができます。

ヒント：１匹だけ模様が異なります

本題 1

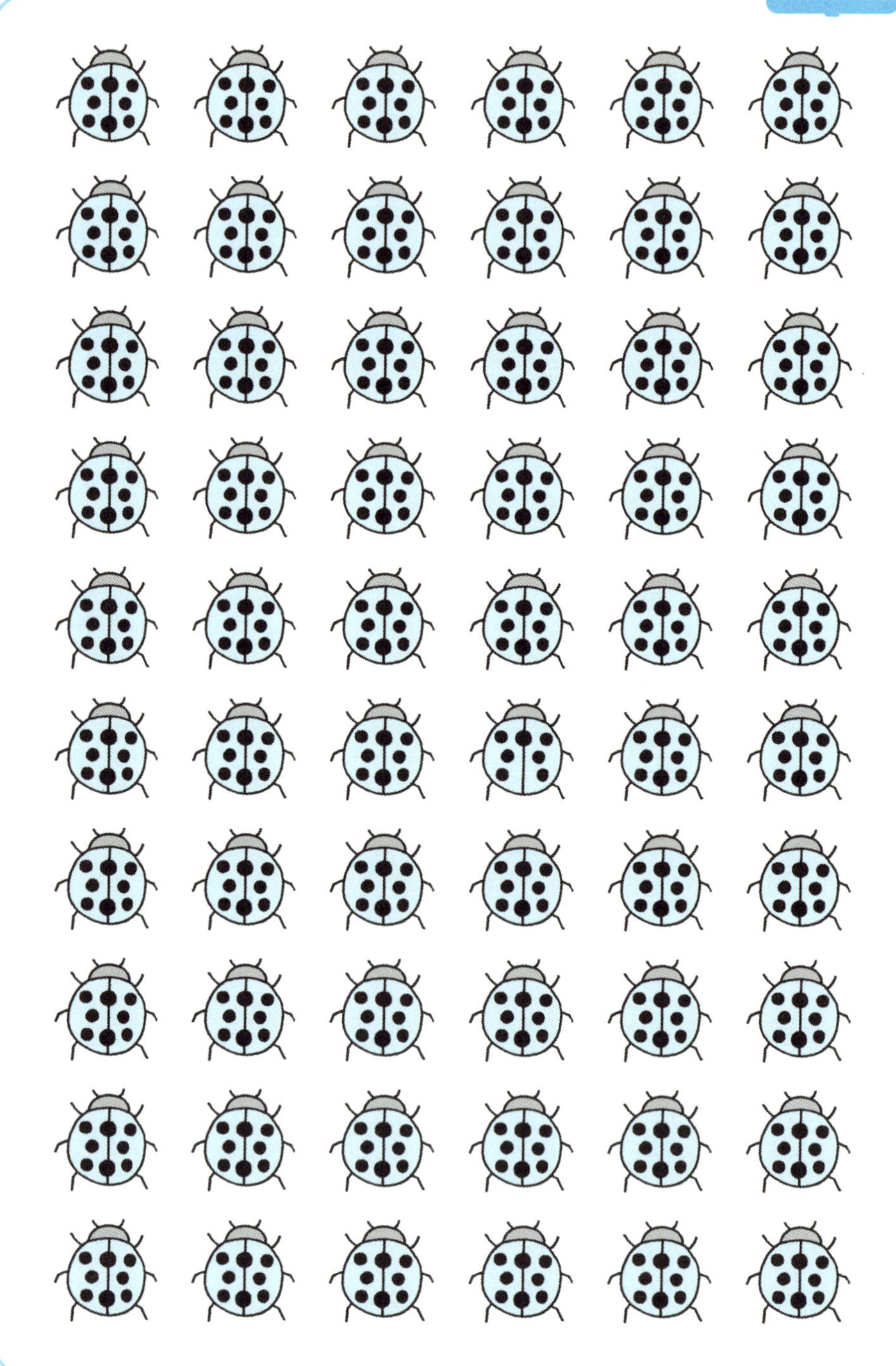

※解答は 50 ページ

ヒント：1匹だけポーズが異なります

本題 2

※解答は 50 ページ

ヒント：1頭だけポーズが異なります

本題 3

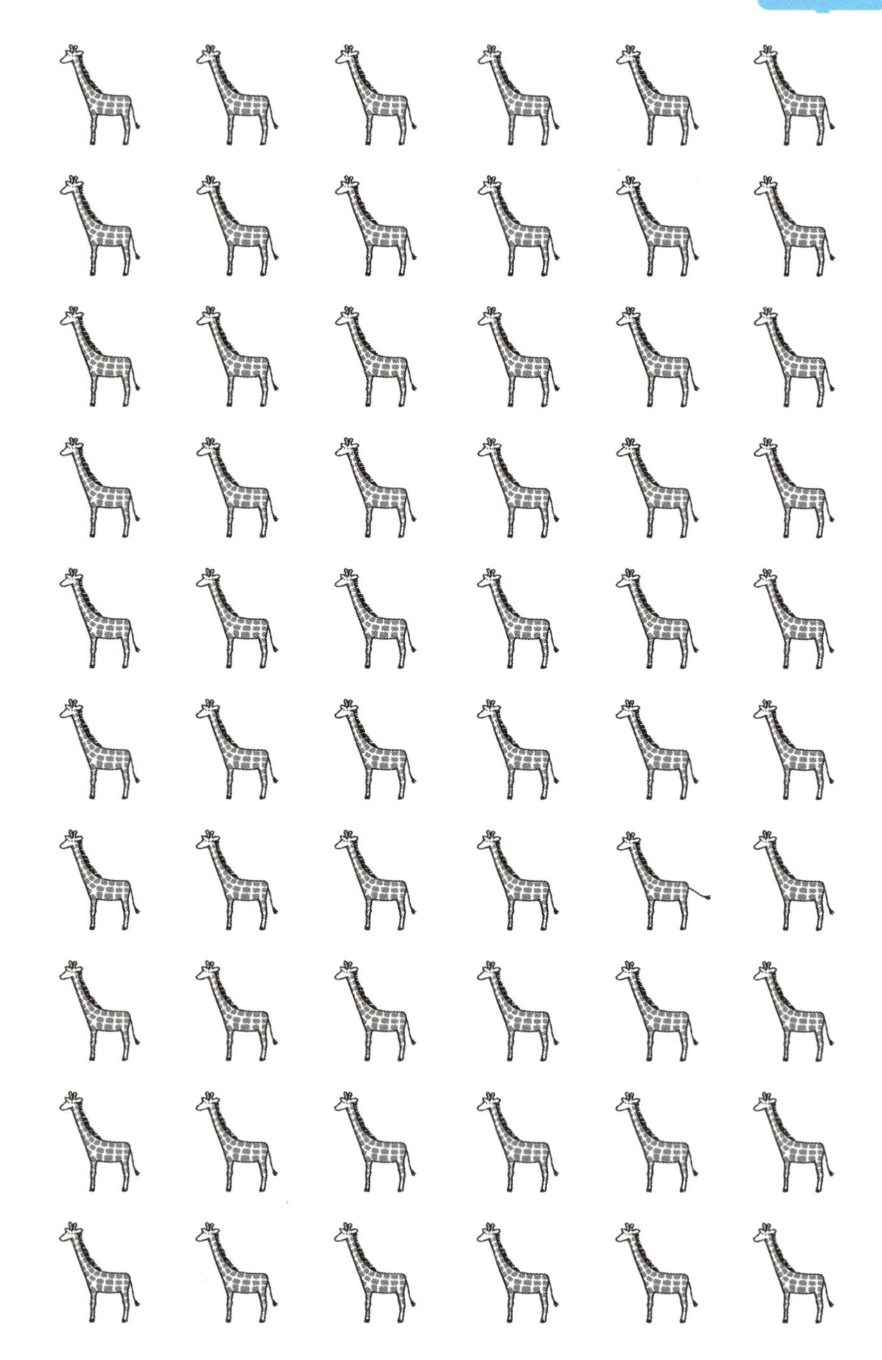

※解答は 50 ページ

ヒント：1頭だけ模様が異なります

本題 4

※解答は 50 ページ

2

1

4

3

視野拡大トレーニング

やり方と注意点

問題にあるイラストを3～5秒眺め、果物とそれに対応するアルファベットを目に焼き付けます。その後、設問にある果物の名前の隣に、該当するアルファベットを書きます。並んだ情報を一度にパッと見て理解する習慣をつけることで、見て理解するスピードがアップします。

どうしても難しいと感じるようであれば、アルファベットは覚えずに、まずは果物だけを見てみましょう。

例題

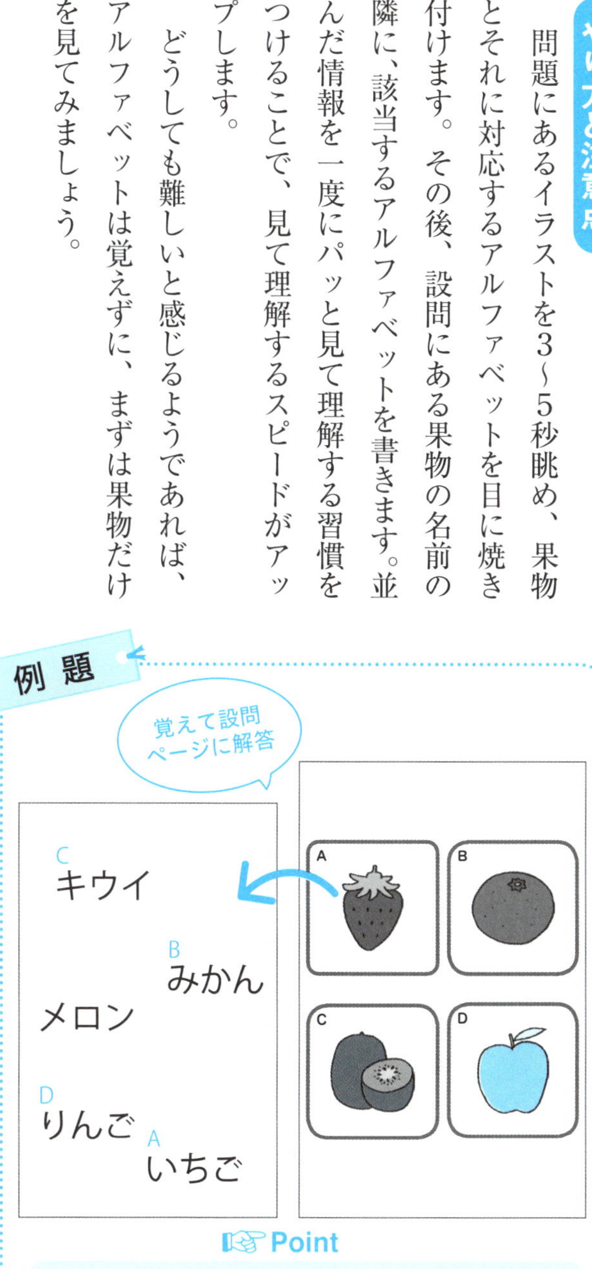

Point

アルファベットは覚えず、まずはイラストを覚えるなど段階的にトレーニングするのも効果的。

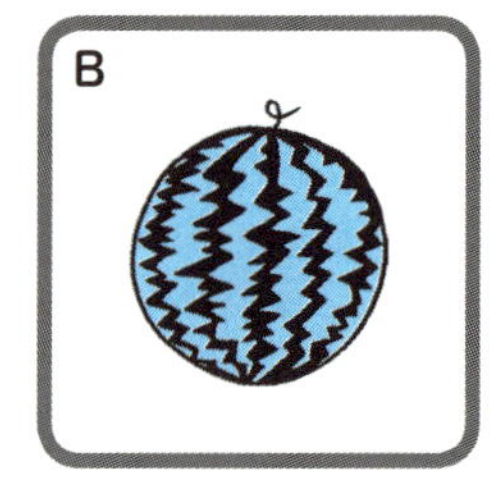

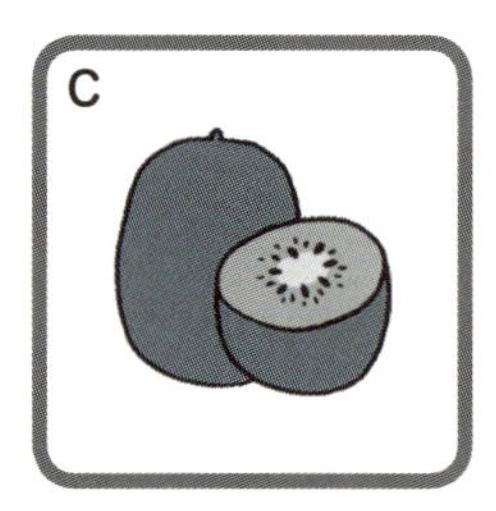

※設問は 55 ページ

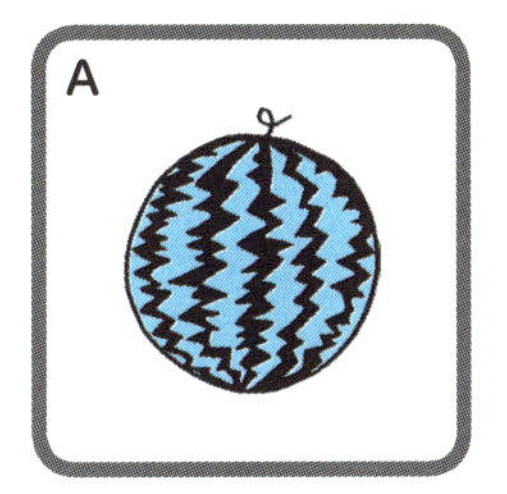

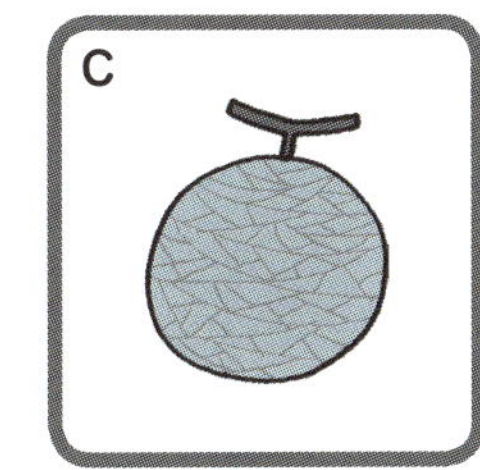

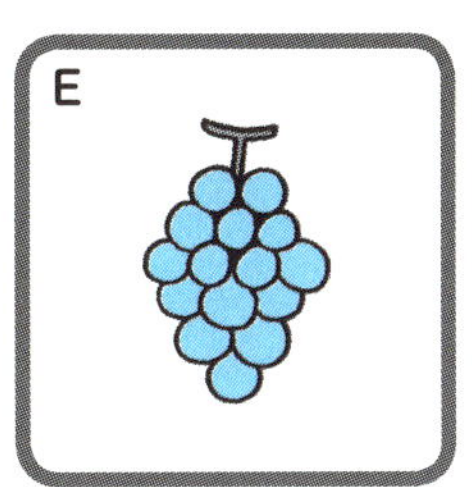

※設問は 56 ページ

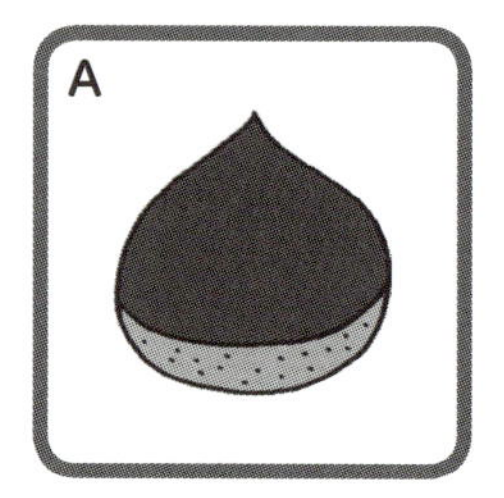

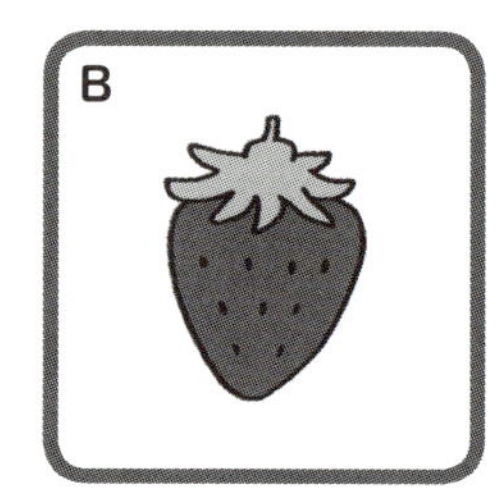

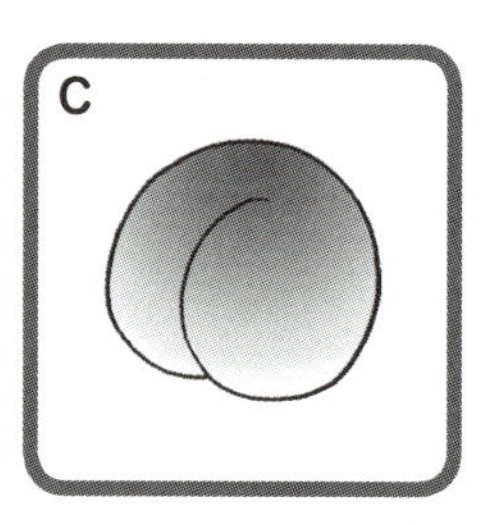

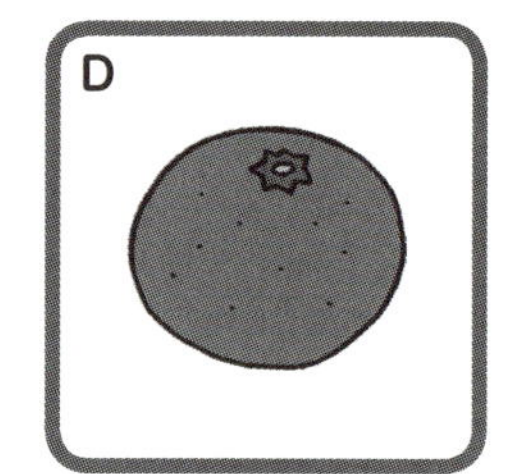

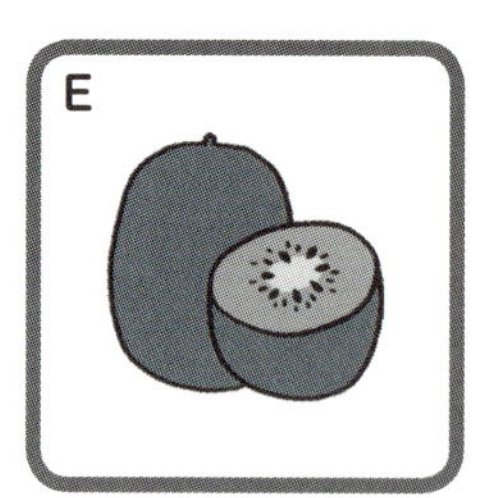

※設問は 57 ページ

設問 1

キウイ

いちご

びわ

すいか

りんご

パイナップル

設問 2

キウイ

メロン

バナナ

りんご

すいか

ぶどう

パイナップル

さくらんぼ

すいか

ぶどう

バナナ

みかん

もも

りんご

メロン

パイナップル

くり

なし

キウイ

いちご

食材再現トレーニング

やり方と注意点

イラストに描かれた冷蔵庫の中に6つの食材が入っています。3~5秒ほどイラストを眺めた後、描かれた食材を思い出しながら設問にある空欄部分に文字やイラストを描き込みましょう。この問題を解くことで、幅広く見る力と内容を認識する力が身につきます。

一度見ただけで全ての内容を理解するのは難しいものです。まずは1回解いてみて、その後2回、3回と繰り返しながら徐々に内容を理解するようにしましょう。

例題

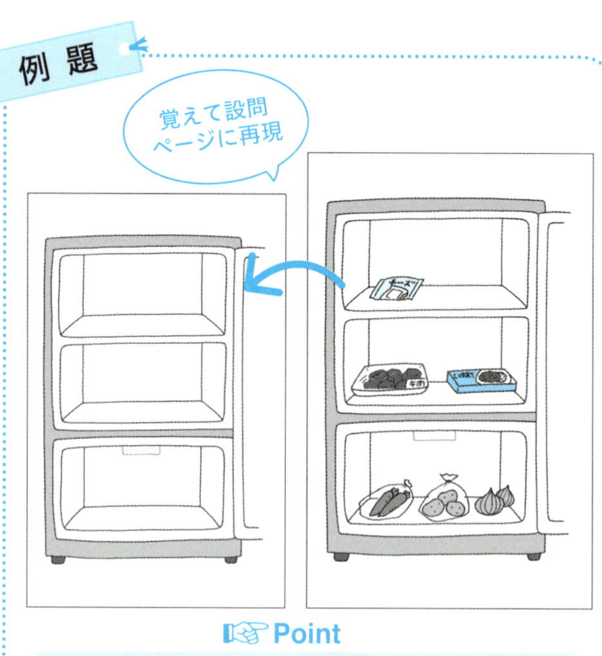

Point

視野を広く取り、イラスト全体を一瞬で認識できるようにしましょう。

本題 1

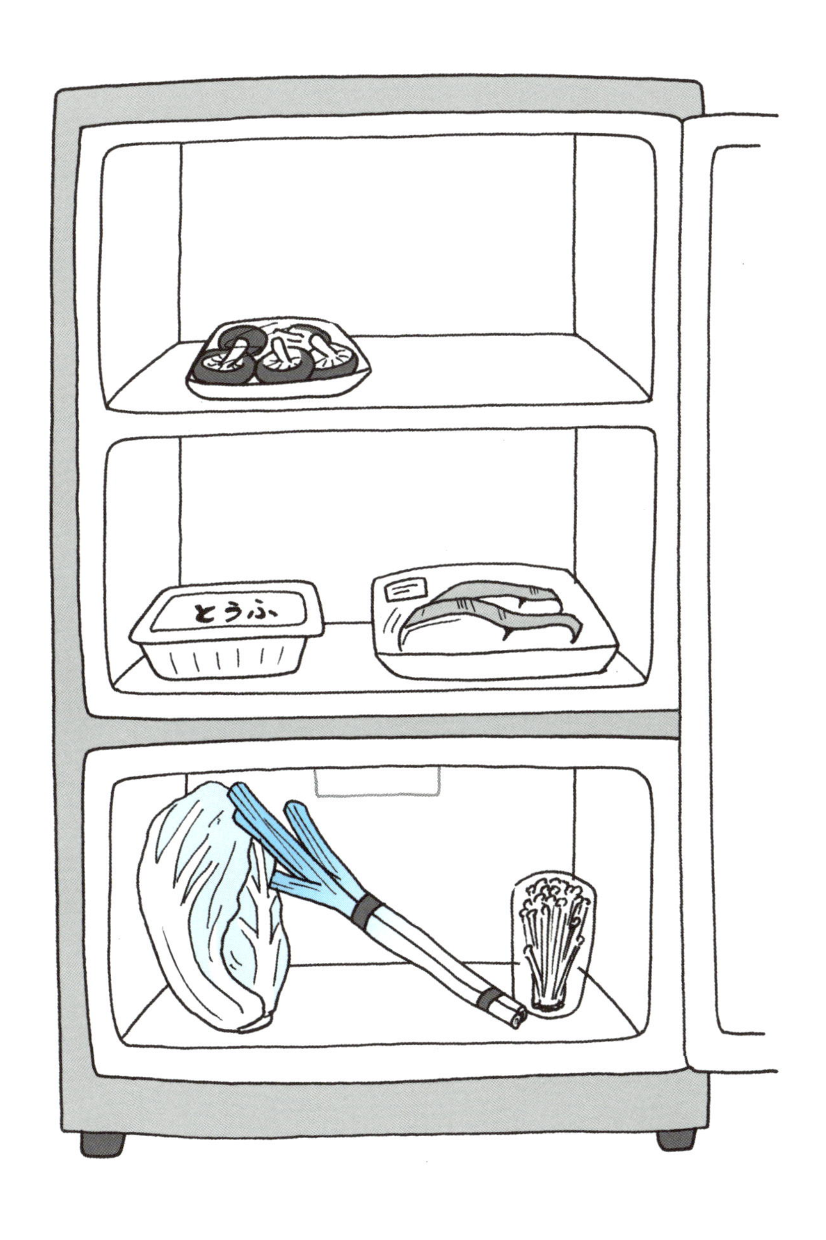

※設問は62ページ

※設問は 63 ページ

※設問は 64 ページ

設問
1

設問 2

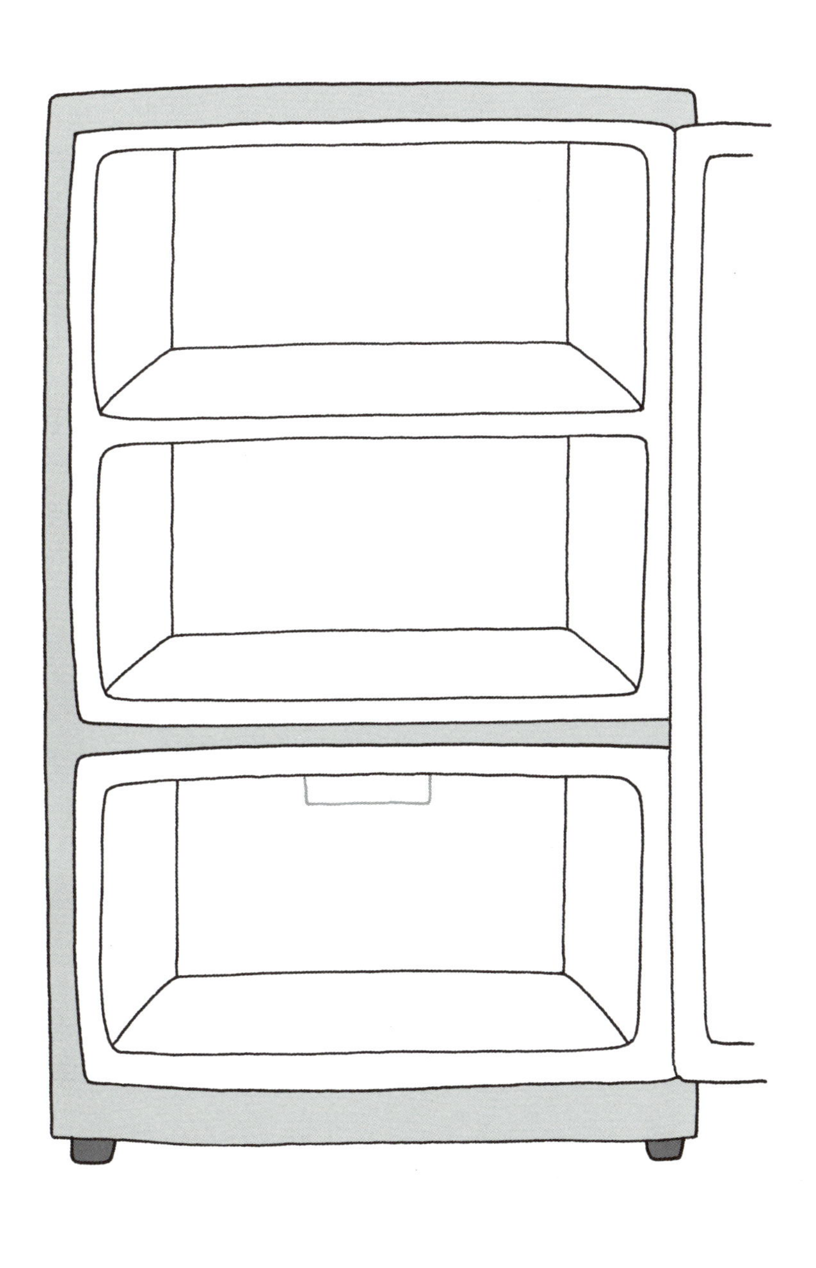

設問
3

第3章

認識力を高めるトレーニング

この章では、瞬間的に認識する力を高めるトレーニングをします。
イラストや文字に対する認識力が高まれば、「読んで理解」から「見て理解」ができるようになります。
最初は難しくても、何度か繰り返し取り組むことで慣れてくるでしょう。

再現トレーニング（イメージ編）

やり方と注意点

問題を見た後、該当する解答欄に図柄を再現しましょう。解答欄の該当ページは、問題の下の方に書いてあります。

この問題では、瞬間的に認識する力を鍛えることができます。ほかにも、イメージ力を鍛えられます。

イラストを見る時間は、最初は3秒から始め、慣れてきたら1秒まで短くしていきましょう。問題に慣れたら、その日に見た景色を絵で再現してみるなど、自分なりにアレンジして継続していきましょう。

例題

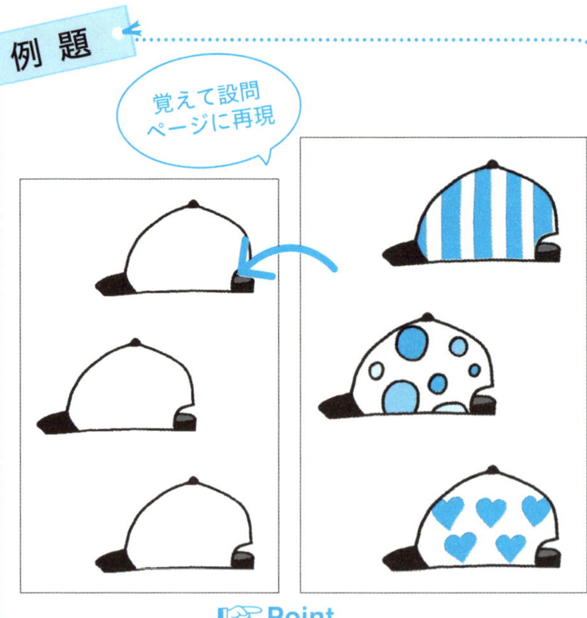

Point

イラストを見る時間を短くしていくことで、認識力が高まっていくのを実感できます。

本題 2

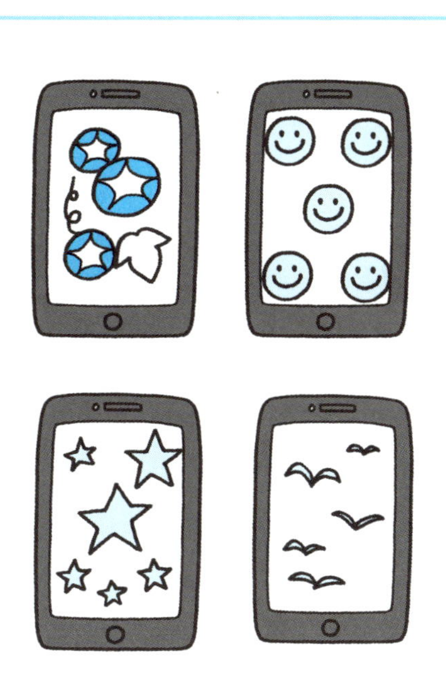

※設問は69ページ

※設問は 70 ページ

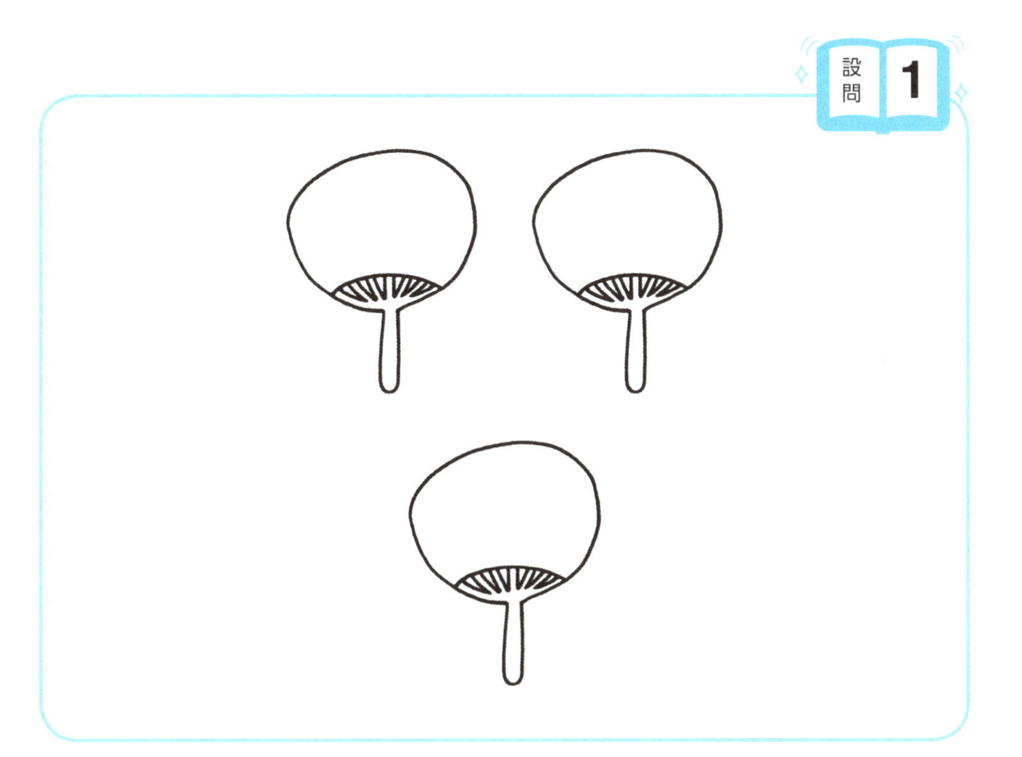
設問
1

設問
2

設問 3

再現トレーニング（文字編）

やり方と注意点

問題を見た後、該当する解答欄に文字を再現しましょう。解答欄の該当ページは、問題の下の方に書いてあります。

ひとつ前の問題同様、瞬間的に認識する力を鍛える問題です。最初は見る時間を3秒から始め、徐々に短くしていきましょう。

この問題に慣れてくると、読書のスピードが速くなっていることを実感できると思います。手に取った本をパラパラとめくっていき、書かれている言葉を思い出すのもトレーニングになります。

例題

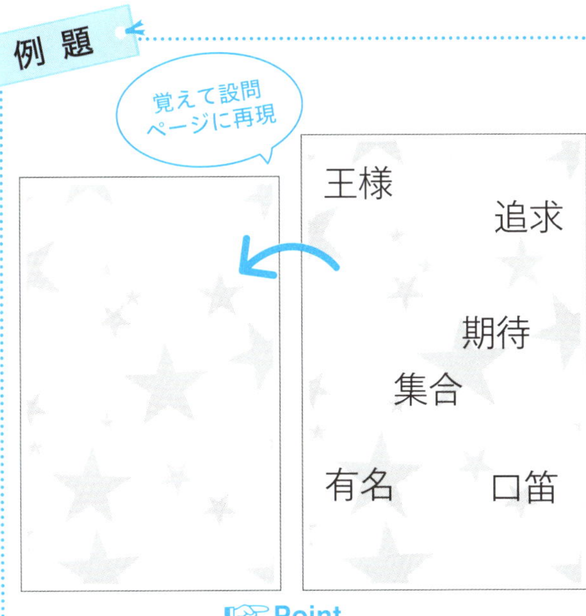

Point

ネットニュースを高速でスクロールして表示された言葉を思い出すのもトレーニングになります。

名刀　高原

鳥肉

場外

電気

本題 2

雨戸

協力　笑顔

売上　本番

点線

※解答欄は75ページ

本題 3

米国

すいす

チャイナ

ケニア

仏国

Japan

フィリピン

おらんだ

英国

ペルー

すぺいん

Korea

カナダ

独国

チリ

※解答欄は76ページ

Ar

K

C

Rb

Sc

Mg

Mo

N

Ti

B

Rn

Li

Mn

Ra

S

P

※解答欄は77ページ

設問
1

設問
2

設問 4

文字並べ替えトレーニング

やり方と注意点

問題に書かれた文字を入れ替えて、単語を作りましょう。1問1問解くにつれ、時間がなるべく短くなるように意識しながら取り組みましょう。

問題の文字を単語に組み替えることで瞬間的に認識する力が高まります。

この問題では頭の中には記憶されているけれど、アウトプットができない知識を引っ張り出す力も向上させることができます。

例題

元の単語を再現

問題	答え
しのいし	イノシシ
あぱかる	アルパカ
そわうか	カワウソ
うょだち	ダチョウ
とかない	トナカイ
みんこじ	ミジンコ
いんおら	ライオン

しのいし → □□□□

あぱかる → □□□□

そわうか → □□□□

うょだち → □□□□

とかない → □□□□

みんこじ → □□□□

いんおら → □□□□

Point

このトレーニングを続けると、頭の中にある知識をすばやくアウトプットできるようになります。

本題 1

ヒント：野菜の名前

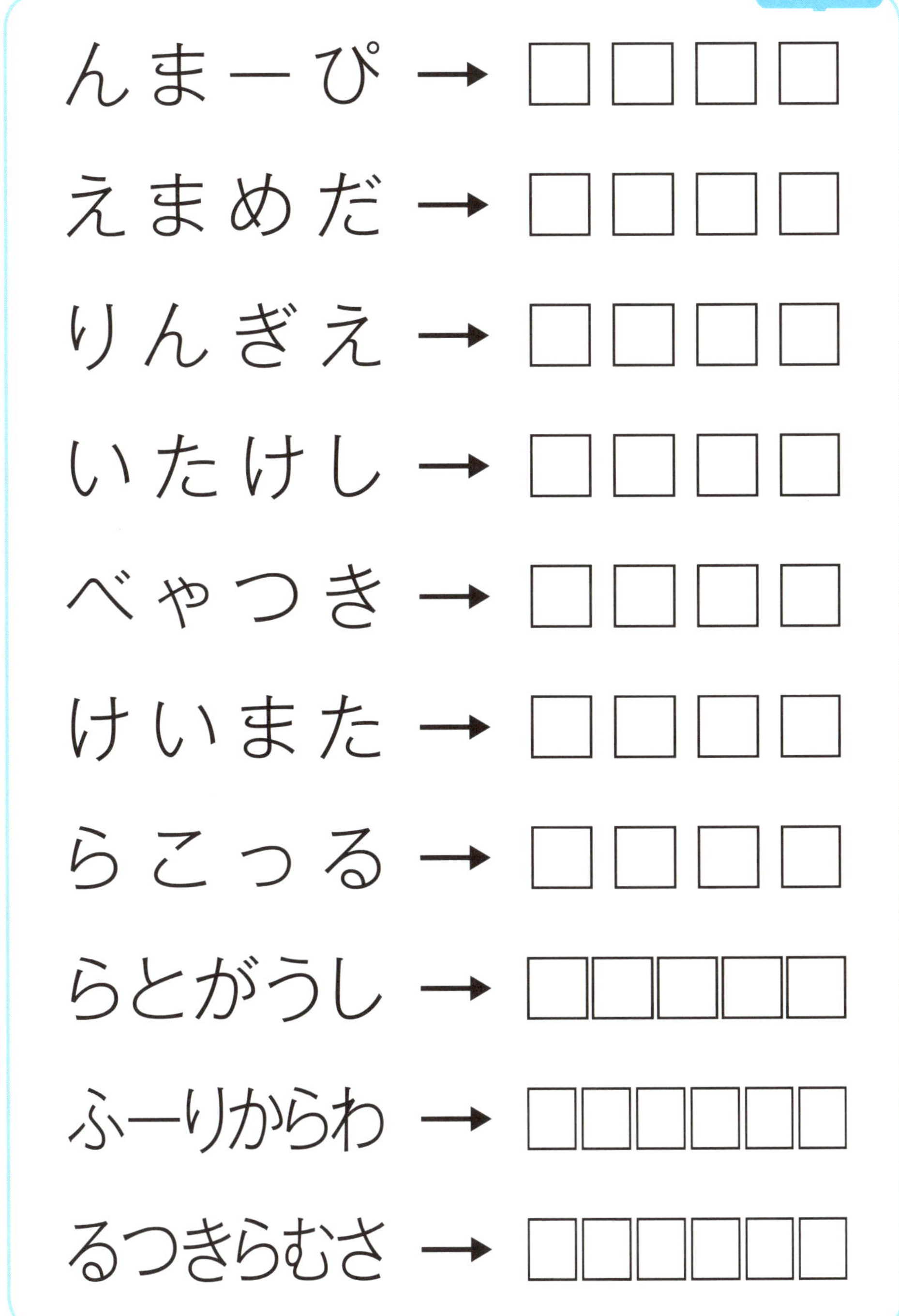

んまーぴ →
えまめだ →
りんぎえ →
いたけし →
べゃつき →
けいまた →
らこっる →
らとがうし →
ふーりからわ →
るつきらむさ →

※解答は 82 ページ

ヒント：都市の名前

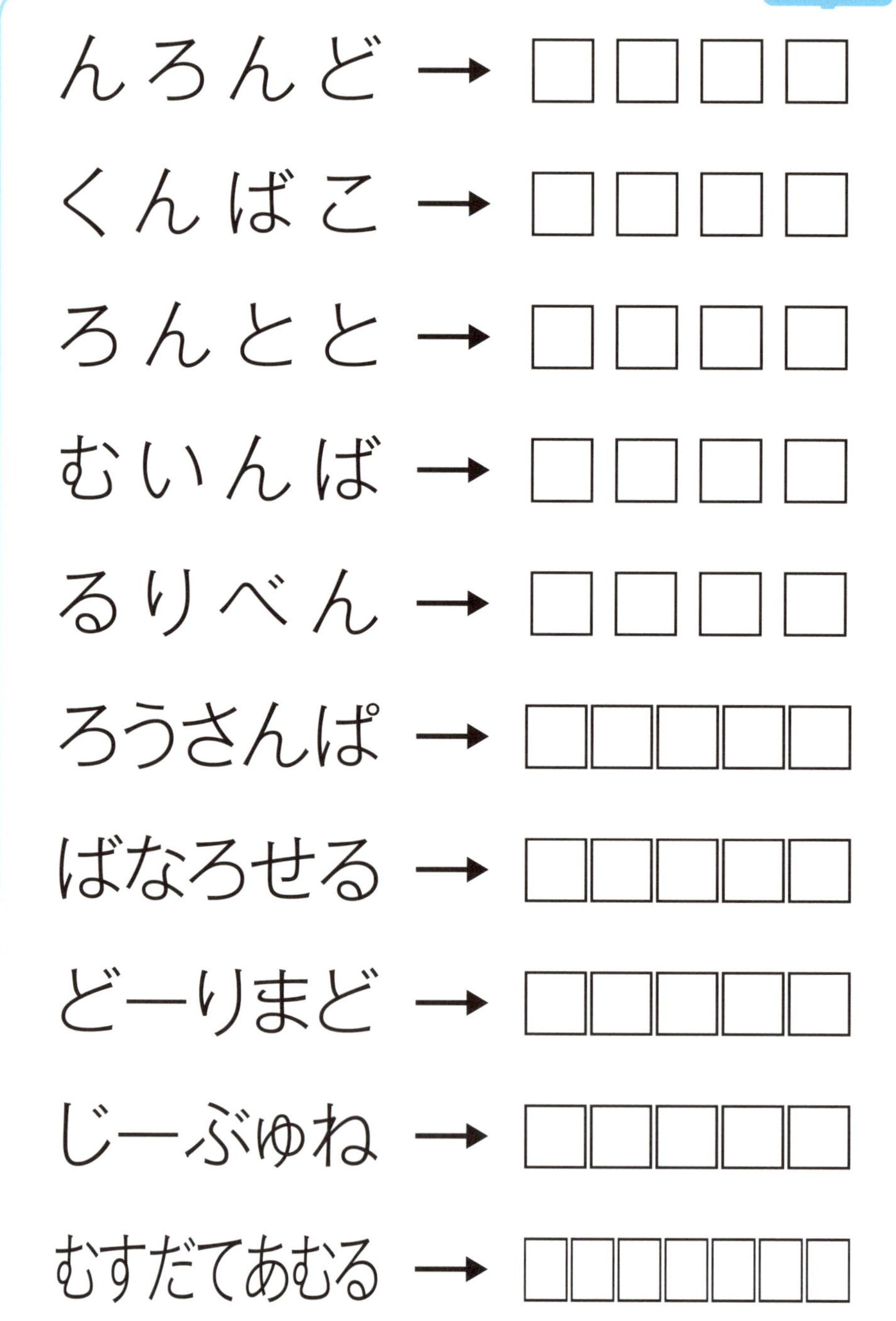

んろんど →
くんばこ →
ろんとと →
むいんば →
るりべん →
ろうさんぱ →
ばなろせる →
どーりまど →
じーぶゆね →
むすだてあむる →

※解答は 82 ページ

ヒント：料理の名前

本題 3

そけばか → □□□□

らあげか → □□□□

かんとつ → □□□□

ぐーんはば → □□□□□

ぽりなんた → □□□□□

ふかいきら → □□□□□

しきうょがや → □□□□□□

ふれーびかー → □□□□□□

らぼるかーな → □□□□□□

とぞとりっまと → □□□□□□□

※解答は 82 ページ

2

んろんど → ロンドン
くんばこ → バンコク
ろんとと → トロント
むいんば → ムンバイ
るりべん → ベルリン
ろうさんぱ → サンパウロ
ばなろせる → バルセロナ
どーりまど → マドリード
じーぶゅね → ジュネーブ
むすだてあむる → アムステルダム

んまーぴ → ピーマン
えまめだ → エダマメ
りんぎえ → エリンギ
いたけし → シイタケ
べゃつき → キャベツ
けいまた → マイタケ
らこっる → ルッコラ
らとがうし → トウガラシ
ふーりからわ → カリフラワー
るつきらむさ → ツルムラサキ

3

そけばか → かけそば
らあげか → からあげ
かんとつ → とんかつ
ぐーんはば → ハンバーグ
ぽりなんた → ナポリタン
ふかいきら → カキフライ
しきうょがや → しょうがやき
ふれーびかー → ビーフカレー
らぼるかーな → カルボナーラ
とぞとりっまと → トマトリゾット

認識トレーニング

やり方と注意点

このトレーニングには2種類の問題があります。本題①③は、指定した数字が各行・各列に何個あるか数えます。本題②④は、各行・各列に指定した数字や文字が入っている場合、右端のチェックボックスにチェックを入れます。並んでいる数字や文字をパッと見て、目線を上から下に動かしながらチェックすることで「読んで理解」から「見て理解」することができるようになります。

何度か解いてみたら、紙に数字や文字を書き出し、自分なりに問題を作ってみましょう。

例題

指定された数字や文字が入っていたら、チェックしたり、個数を書いたりします。

各行に、「2」が入っている場合、行の右端にチェックマークをつけてください。

										check
1	8	7	6	4	5	6	3	9	8	☐
1	7	6	9	0	4	3	2	1	5	✓
7	2	6	1	9	8	4	3	6	5	✓
6	3	7	9	1	5	7	5	4	0	☐

Point

目線を左から右に動かすのではなく、1行全体をパッと見て、瞬時に判断する。

本題 1

各行に、「7」がいくつあるか数えましょう。

（目標時間：10 秒）

8	0	9	1	3	7	6	4	2	5	個
5	9	1	8	2	0	3	6	4	2	個
0	3	1	4	7	6	9	5	2	8	個
9	3	7	5	1	4	7	2	8	0	個
7	2	5	6	1	9	0	3	4	8	個
2	8	4	6	5	1	9	0	3	2	個
6	2	0	8	3	7	5	6	1	9	個
6	5	2	8	1	0	4	9	3	7	個
1	0	3	6	5	9	8	2	8	4	個
8	3	0	1	9	7	4	6	5	7	個

※解答は 88 ページ

本題 2

各行に、「ら」が入っている場合、行の右端にチェックマークをつけてください。

（目標時間：10 秒）

check

ゆわきおみしえあけた ☐

かんでにらぶさえるき ☐

むれこさびぬれきすろ ☐

なくもでつぐりらさき ☐

げらついえむさりしふ ☐

りるらつたぐめいたお ☐

めくかりやんもうあい ☐

ざきでらもくふさすぽ ☐

えふみするばひもだち ☐

らにのめあぬういりる ☐

※解答は88ページ

各行・各列に、「3」がいくつあるか数えましょう。

（目標時間：20 秒）

9	4	5	3	0	2	8	1	7	6	個
6	5	1	9	7	8	6	4	2	0	個
0	5	2	3	8	9	1	4	3	7	個
2	5	1	4	5	6	7	3	8	6	個
1	3	7	5	6	9	0	8	2	4	個
7	6	5	4	9	1	8	7	0	1	個
2	8	9	3	6	0	1	4	7	3	個
3	5	1	9	4	0	4	5	8	2	個
7	3	5	3	6	2	1	7	9	4	個
5	9	0	8	2	1	4	8	7	2	個
個	個	個	個	個	個	個	個	個	個	

※解答は 88 ページ

本題 4

各行に、「ヌ」が入っている場合、行の右端にチェックマークをつけてください。

（目標時間：10秒）

	check
ラキヌサイジュツウエ	✓
キラキアエウイシイル	✓
ミヒエルリノムヌレム	✓
トベセスヌンエアコウ	✓
ダリルアウコギニモテ	✓
ノモアエヌクニソテミ	✓
リザウフエンキズミト	✓
モミタチニケソシシヌ	✓
ロヌレクユサシンミク	✓
カミレジエウニカスレ	✓

※解答は88ページ

1

各行に、「7」がいくつあるか数えましょう。

（目標時間：10秒）

8	0	9	1	3	7	6	4	2	5	1個
5	9	1	8	2	0	3	6	4	2	0個
0	3	1	4	7	6	9	5	2	8	1個
9	3	7	5	1	4	7	2	8	0	2個
7	2	5	6	1	9	0	3	4	8	1個
2	8	4	6	5	1	9	0	3	2	0個
6	2	0	8	3	7	5	6	1	9	1個
6	5	2	8	1	0	4	9	3	7	1個
1	0	3	6	5	9	8	2	8	4	0個
8	3	0	1	9	7	4	6	5	7	2個

2

各行に、「ら」が入っている場合、行の右端にチェックマークをつけてください。

（目標時間：10秒）

	check
ゆわきおみしえあけた	
かんでにらぶさえるき	✓
むれこさびぬれきすろ	
なくもでつぐりらさき	✓
げらついえむさりしふ	✓
りるらつたぐめいたお	✓
めくかりやんもうあい	
ざきでらもくふさすぽ	✓
えふみするばひもだち	
らにのめあぬういりる	✓

3

各行・各列に、「3」がいくつあるか数えましょう。

（目標時間：20秒）

9	4	5	3	0	2	8	1	7	6	1個
6	5	1	9	7	8	6	4	2	0	0個
0	5	2	3	8	9	1	4	3	7	2個
2	5	1	4	5	6	7	3	8	6	1個
1	3	7	5	6	9	0	8	2	4	1個
7	6	5	4	9	1	8	7	0	1	0個
2	8	9	3	6	0	1	4	7	3	2個
3	5	1	9	4	0	4	5	8	2	1個
7	3	5	3	6	2	1	7	9	4	2個
5	9	0	8	2	1	4	8	7	2	0個
1個	2個	0個	4個	0個	0個	0個	1個	1個	1個	

4

各行に、「ヌ」が入っている場合、行の右端にチェックマークをつけてください。

（目標時間：10秒）

	check
ラキヌサイジュツウエ	✓
キラキアエウイシイル	
ミヒエルリノムヌレム	✓
トベセスヌンエアコウ	✓
ダリルアウコギニモテ	
ノモアエヌクニソテミ	✓
リザウフエンキズミト	
モミタチニケソシシヌ	✓
ロヌレクユサシンミク	✓
カミレジエウニカスレ	

文章作成トレーニング

やり方と注意点

問題に書かれた文字をパッと見て、そこからイメージされる情景を思い浮かべます。そして、問題に書かれた単語を使って文章を作成してください。各問30字程度でまとめられるのがベストですが、最初は多くなってしまってもかまいません。解答はひとつだけではありませんので、自由に取り組んでください。

この問題を解くことで、文章から情景を短時間でイメージする力や、知識をスピーディーにアウトプットする力を向上させることができます。

例題

指定の単語で文章を作る

ハンバーグ

フォーク

にんじん

フォークを使ってハンバーグとにんじんを食べた。

Point

解答は１つではありません。自分なりに自由に文章を作ってみましょう。

輝く

目

印象

本題 2

好き

人数

競う

勝敗

※解答例は92ページ

本題 3

情報

簡潔

必要

整理

作る

※解答例は92ページ

Answer 解答1

1

- その人の輝く目が印象に残った
- 輝くような見開いた目が印象的な人

2

- 大人数で勝敗を競うスポーツが好きだ
- 大人数で勝敗を競うスポーツを見るのが好きだ

3

- 製品を作る前には、必要な情報を簡潔に整理することが大切だ
- 簡潔に情報を整理することは、製品を作る上で必要な作業だ

名前認識トレーニング

やり方と注意点

パッと見て名前と顔を一致させる問題です。まず30秒を目安に問題にある名前を見たら、該当ページの設問に解答します。複数の名前や顔を限られた時間内に見ることで、瞬間的な認識力を鍛えます。読書のみならず、仕事でも人の名前に触れる機会は少なくありません。これを機に認識力を鍛えましょう。

問題を解いたら、家族や友人と架空の人物の名前やイラストを考え、問題を出し合ってトレーニングを継続しましょう。

例題

覚えて設問ページに解答

豊田正信

あべみずき

辻 よしき

２番目に出てきた人の下の名前は何でしたか？

Point

最初は名前や顔を見る時間を30秒ほどとり、慣れてきたら徐々に短くしていきましょう。

❷梅本勝彦

❸中田 充

※設問は97ページ

本題 2

❶岸本恭介

❷山田春香

❸市川健二

※設問は98ページ

❶キース・ジョンソン

❷イ・ミンジュン

❸佐藤志保

❹まえだたけし

❺ジャネット・ミラー

※設問は99ページ

設問 1

❶この人の名前は何ですか。
フルネームで書いてください。

❷中田 充さんの特徴を2つ書いてください。

※解答は100ページ

設問 2

❶ ２番目に出てきた人の下の名前は何でしたか？

❷ １番目に出てきた男性の苗字を「伊藤」に変えてフルネームを書いてください。

※解答は 100 ページ

設問 3

❶ 5番目に出てきた人の名前は何でしたか？　フルネームで書いてください。

❷ 3番目に出てきた女性のフルネームをひらがな書いてください。

※解答は100ページ

①

❶梅本勝彦

❷・スーツを着ている
・髪の毛が短い
・ネクタイが黒い
・口を閉じている……など

②

❶春香

❷伊藤恭介

③

❶ジャネット・ミラー

❷さとうしほ

ピープ連想トレーニング

やり方と注意点

問題は、ある漢字やイラストにのぞき穴をつけたものです。

漢字やイラストの断片をヒントに、知識をたぐりよせ、何が書かれているのかを考えましょう。

1文字ずつ読む方法では、文字の形を細かく見ることができますが、速読では、文字を細かく見ません。塊で見ます。このトレーニングで文字を瞬時に認識する力を向上させましょう。

例題

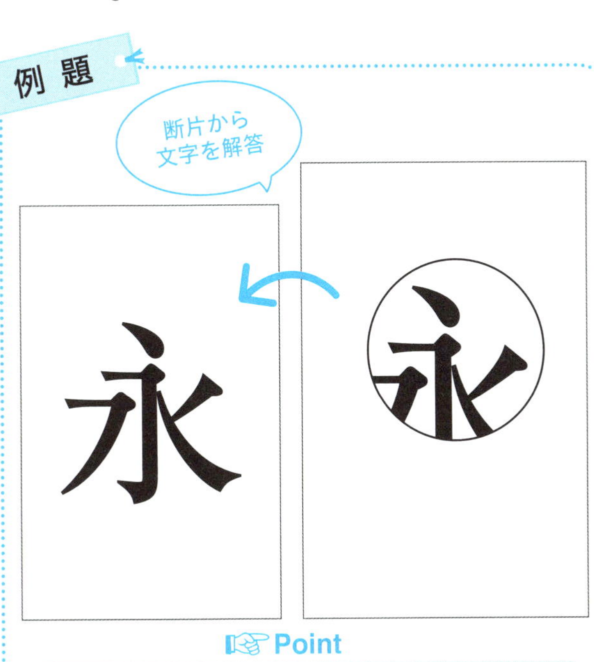

Point

時間はかかってもいいので、何が書かれているかじっくり考えましょう。

本題 1

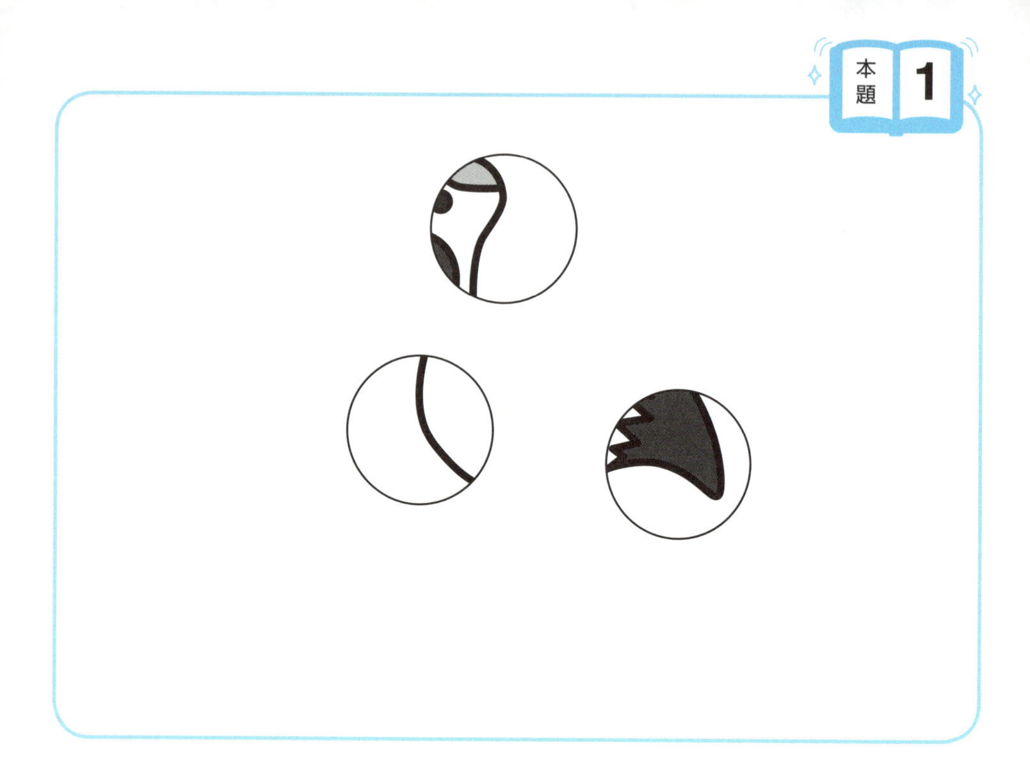

本題 2

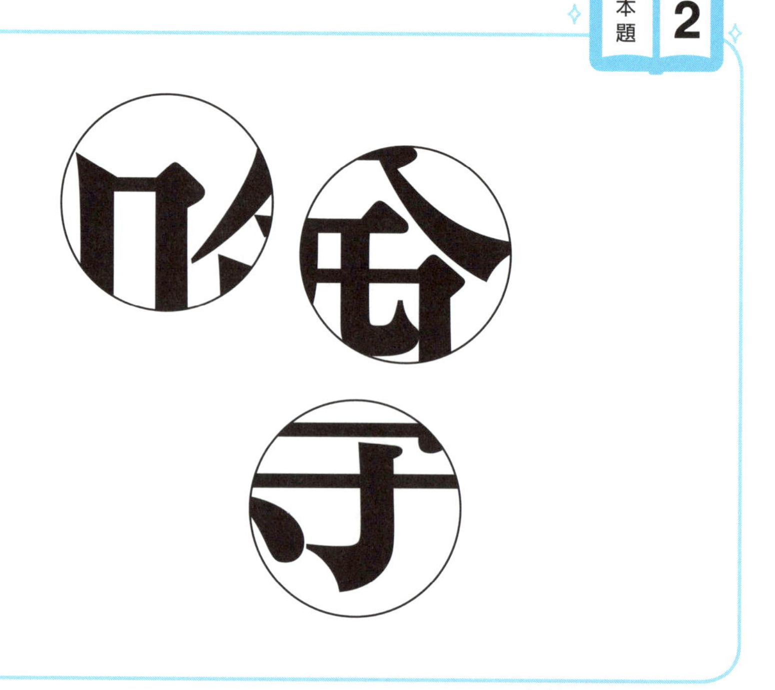

※解答は104ページ

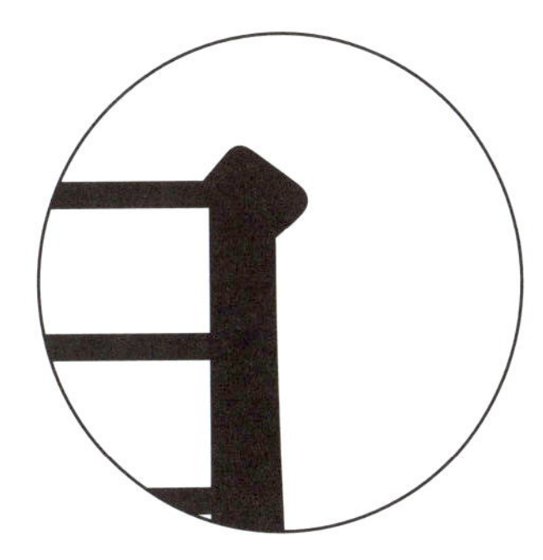

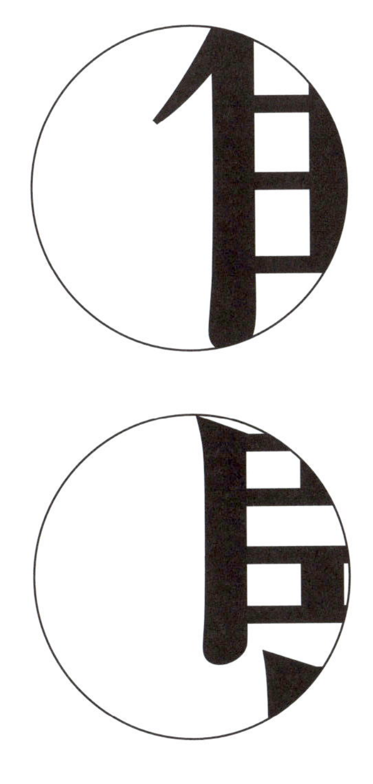

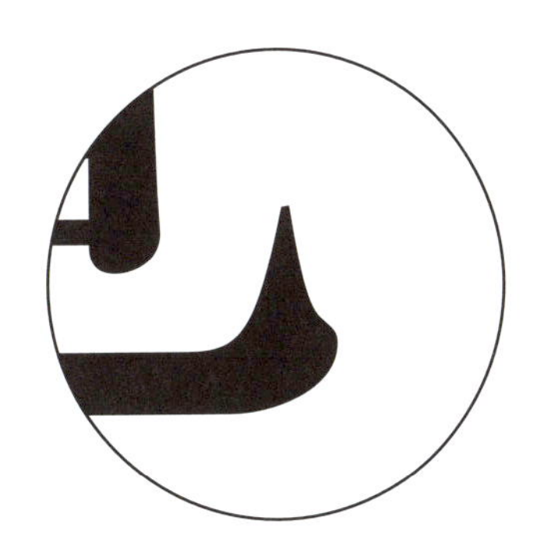

※解答は104ページ

②

③

第4章

アウトプット力を高めるトレーニング

この章では、アウトプットする力を高めます。人はいくら知識を身につけてもアウトプットする機会がなければ忘れてしまいます。アウトプットする力を高めることが速読の力を鍛えることにつながります。

言葉思い出しトレーニング

やり方と注意点

自分が持っている知識をアウトプットするトレーニングです。

問題の答えを1分間でどれだけ思い出して書き出せるか、チャレンジしましょう。

持っている知識を表現する力は速読に限らず、読書全般で必要な力です。このアウトプットの力を向上させることが結果として速読の力を鍛えることになります。

間違っていても問題ありません。とにかく無心で書き出してみましょう。

例題

問題の答えを１分間で解答欄に書き出してみましょう。

例題　「さ」で始まる言葉

さくら、さようなら、さっぱり、さとう

Point

間違っていてもいいので、とにかく思いつく限りの言葉を書き出すことが大切です。

本題 1

Q1 緑色の野菜

いくつ思い出せますか？
下記に、書き出してみましょう。

※1分間にいくつ書き出せたか、記録しておきましょう。

1回目…　個
2回目…　個
3回目…　個

※解答例は110ページ

Q2 「あ行（あ〜お）」で始まる国名

いくつ思い出せますか？
下記に、書き出してみましょう。

※１分間にいくつ書き出せたか、記録しておきましょう。

１回目…　個
２回目…　個
３回目…　個

※解答例は110ページ

Q3 歴代総理大臣

何人思い出せますか？
下記に、書き出してみましょう。

※1分間にいくつ書き出せたか、記録しておきましょう。

1回目…　個
2回目…　個
3回目…　個

※解答例は110ページ

1

アスパラガス、枝豆、オクラ、ゴーヤ、小松菜、しそ、春菊、そら豆、チンゲン菜、ニラ、バジル、パセリ、ピーマン、フキ、ブロッコリー、ホウレンソウ、三つ葉、モロヘイヤ　ほか

2

アイスランド、アフガニスタン、アメリカ合衆国、アルゼンチン、イラク、イラン、インド、インドネシア、ウクライナ、ウズベキスタン、エジプト、オーストラリア、オーストリア、オランダ　ほか

※正式名称でなくても可

3

伊藤博文、黒田清隆、山縣有朋、大隈重信、桂太郎、原敬、高橋是清、犬養毅、近衛文麿、東條英機、吉田茂、鳩山一郎、岸信介、池田勇人、佐藤栄作、田中角栄、三木武夫、福田赳夫、大平正芳、中曽根康弘、竹下登、宇野宗佑、海部俊樹、宮澤喜一、細川護熙、羽田孜、村山富市、橋本龍太郎、小渕恵三、森喜朗、小泉純一郎、福田康夫、麻生太郎、鳩山由紀夫、菅直人、野田佳彦、安倍晋三　ほか

一問一答・思い出しトレーニング

やり方と注意点

各問題文を30秒読んだ後、該当ページの設問に答えてください。
文字を高速かつ幅広く見ることで、瞬間認識力が鍛えられます。
全問正解することができたら、ご家庭にある本などで問題を作り、家族や友人同士で出題し合ってみてください。
※問題文・選択肢は、読みやすくするため旧仮名づかいを現代仮名づかいに変更、原文の送り仮名、改行位置を一部変更しています。あらかじめご了承ください。

例題

問題文を30秒で読んで、四択の設問に答えましょう。

> こんな珍しい話がありますよ。
> あるホテルであったことですがね。ある晩、そのホテルの帳場へ、築地の吉田という待合から電話が掛かって、「今夜わたしとこのお客がそちらへ行くから、泊めてくれないか。」というんです。・・・・・・・

Point

設問を読んでから問題文を読むより、問題文を読んでから設問を読むほうが速く解けます。

本題 1

二人の小さな中学生が、お茶の水橋の欄干にもたれて、じっと水を見ていました。
「君、この水はどこへ往くんだろうね」
「海さ」
「そりゃ知ってるよ。だけど何川の支流とか、上流とか言うじゃないか」
「これは、神田川にして、隅田川に合して海に入るさ。」
「そう言えば、今頃は地理の時間だぜ、カイゼルが得意になって海洋奇談をやってる時分だね」
Aの方の学生がずるそうに、そう言い出したので、Bの方も無関心でいるわけにゆかないものですから、わざと気がなさそうに、
「ああ」と言いました。この二人の小さな中学生は、今日学校を脱出したのです。というのは、この学校では八時の開講時間が一分遅れても、門をがたんと閉めて生徒を入れないほど万事やかましい学校でした。Aは昨夜ギンザ・シネマへいったので今日寝坊してしまったのです。大急ぎで学校へくる道で、学校の方から帰ってくるBに逢いました。

『誰が・何時・何処で・何をした』竹久夢二・著／「童話集　春」小学館

※設問は115ページ

本題 2

あるにちよう日のごご、丹下サト子ちゃんと、木村ミドリちゃんと、野崎サユリちゃんの三人が、友だちのところへあそびに行ったかえりに、世田谷区のさびしい町を、手をつないで歩いていました。三人とも、小学校三年生のなかよしです。

「あらっ。」

サト子ちゃんが、なにを見たのか、ぎょっとしたようにたちどまりました。

ミドリちゃんもサユリちゃんもびっくりして、サト子ちゃんの見つめている方をながめました。

すると、道のまん中に、みょうなことがおこっていたのです。むこうのマンホールのてつのふたが、じりり、じりりと、もち上がっているのです。だれか、マンホールの中にいるのでしょうか。

マンホールのふたは、すっかりひらいていました。そして、その下から、黒いマントをきた男の人が、ぬうっとあらわれたのです。その人は、つばのひろい、まっ黒なぼうしをかぶり、大きなめがねをかけ、口ひげがぴんと、両方にはね上がっていて、黒い三かくのあごひげをはやしていました。

せいようあくまみたいな、きみのわるい人です。その人は、マンホールからはい出して、じめんにすっくとたち上がると、三人の方を見て、にやりとわらいました。そして、黒いマントを、こうもりのようにひらひらさせながら、むこうの方へ歩いていくのです。

「あやしい人だわ。ねえ、みんなで、あの人のあとをつけてみましょうよ」

ミドリちゃんが、小さい声でいいました。ミドリちゃんのにいさんの敏夫くんは、しょうねんたんていだんいんなので、ミドリちゃんもそういうたんていみたいなことがすきなのです。サト子ちゃんもサユリちゃんも、ミドリちゃんのいうことは、なんでもきくくせなので、そのまま三人で、黒マントの男のあとをつけていきました。

『赤いカブトムシ』江戸川乱歩・著／「江戸川乱歩全集　第20巻　堀越捜査一課長殿」光文社

※設問は116ページ

ペーチャは十一だ。サヴェート同盟の百姓の息子だ。うちには牝牛が一匹、鶏が八羽、豚が四匹に、猫と犬とがいる。

春から秋の末まで、おとっさんとおっかさんは一日、朝から晩まで畑で働いた。サヴェートでは日本でタンポをつくるように麦畑をつくる。馬鈴薯(じゃがいも)、玉ネギ、キャベツなどもつくる。

ペーチャの親たちは、自分の畑のほかに、村の金持の百姓レスコフの畑でも働いた、つまり小作をやっていたんだ。

ペーチャはピオニェールで、学校ではよく勉強したし、家の仕事もよく手伝った。牛をキャベツ畑から追っぱらった。草苅をした。ジャガ薯(いも)掘りなんかと来たら、うまいこと、大人にだってまけやしない！

ところが、村にこういう噂がひろまって来た。サヴェート同盟じゃ、今度すっかり畑の作りかたを代えちまうんだそうだゾ。一軒一軒がわけて作ってる畑をみんなまぜて、一つにしちまってみんなが共通で機械で耕したり、種を蒔いたり、苅入れしたりするようにするんだそうだ。村の年よりどもはビックリして早速教会の坊さんのところへかけつけた。そして、きいた。

「ねえ坊さま。いってえ俺たちの村はどうなるだんべ。畑の区切りなくして、お前さまノペタラに麦なんどこせえたら、どっからどこまでが俺の分だか、ひとにとられたって分りもしねえ。そういう集団農場なんてのは、いやだナア」

坊主は、プロレタリアのサヴェートがきらいだ。サヴェートになってから農民はドシドシ字がよめるようになって来た。道理がわかって来て、この世にいもしない神様を信じて、坊さんに財布ハタイて布施を出すことをだんだんしなくなって来た。

『ペーチャの話』宮本百合子・著／「宮本百合子全集　第四巻」新日本出版社

※設問は117ページ

設問 1

本文の内容として正しいものを、次の中からひとつ選んでください。

Ⓐ 二人が見ている川は隅田川である。

Ⓑ 二人が通う学校の開講時間は八時である。

Ⓒ 前日にギンザ・シネマに行ったのはBの方である。

Ⓓ 二人がいるのは万世橋の欄干である。

※解答は118ページ

設問 2

本文の内容として正しいものを、次の中からひとつ選んでください。

A マンホールからあらわれた男の帽子は赤かった。

B マンホールからあらわれた男は歯をむき出しにして笑った。

C サト子ちゃんとサユリちゃんはミドリちゃんのいうことをなんでも聞く。

D サト子ちゃんとミドリちゃんとサユリちゃんは江東区を歩いていた。

※解答は118ページ

設問 3

本文の内容として正しいものを、次の中からひとつ選んでください。

A ペーチャがキャベツ畑から追い払ったのは猪である。

B 村の年寄りたちはお寺のお坊さんに畑の話を聞きに行った。

C ペーチャの家には牝牛、鶏、豚のほかに猫と犬がいる。

D 百姓レスコフはペーチャの親の畑で働いている。

※解答は118ページ

設問① B 112ページ後ろから5行目「この学校では八時の開講時間が一分遅れても、門をがたんと閉めて生徒を入れないほど万事やかましい学校でした」とあります。

設問② C 113ページ後ろから3行目「サト子ちゃんもサユリちゃんも、ミドリちゃんのいうことは、なんでもきくくせなので、そのまま三人で、黒マントの男のあとをつけていきました」とあります。

設問③ C 114ページ1行目「うちには牝牛が一匹、鶏が八羽、豚が四匹に、猫と犬とがいる」とあります。

しりとりトレーニング

やり方と注意点

問題は、しりとりの途中が空欄になっています。前後の単語をヒントに、空欄を埋めていきましょう。

先ほどの言葉思い出しトレーニング同様、知識をアウトプットする力を鍛えられ、速読の力が高まります。

また、解答例も掲載していますが、問題の条件に合っていれば他の単語が入っても問題ありません。自分で問題を作ってみるのもいいでしょう。まずは楽しみながら取り組んでみてください。

例題

しりとりでつなげる

問題
みどり→リ□□
きいろ→ロ□□
ピンク→く□□
レッド→ド□□
オレンジ→じ□□
こげちゃ→や□□
あいいろ→あ□□

解答例
みどり→リズム
きいろ→ロック
ピンク→くるま
レッド→ドミノ
オレンジ→じんじ
こげちゃ→やえば
あいいろ→あみだ

Point

本題を解いていくと、難易度が徐々に上がります。
できる範囲で楽しみながら取り組みましょう。

イカ→か□□→しっぽ

カツオ→お□□→しつけ

サヨリ→□□ご→ゴリラ

サンマ→ま□□→がっこう

いくら→□□□→パンツ

マグロ→ロ□□→ループ

イワシ→し□□□→ユーカリ

カレイ→□□□→コアラ

スズキ→□□□→こども

トビウオ→□□□→ぎょうざ

※解答例は124ページ

本題 2

レタス→ス□□→れんげ

トマト→ト□□→レール

オクラ→ラ□□→プール

ゴーヤ→や□□→インコ

キャベツ→□□□→レゲエ

はくさい→イ□□→クジラ

えだまめ→め□□→コアラ

かいわれ→□□□→がいこつ

かぼちゃ→や□□→やきめし

きゅうり→□□□□→リング

※解答例は124ページ

あかとんぼ→ぼ□□き→キ□□□ス

カレーライス→ス□□□□→う□□□□

こいのぼり→りょ□□□→や□□□□

ながれぼし→しゅ□□□→イ□□□□

なつまつり→り□□□□→ヨ□□□□

じどうしゃ→や□□□□→り□□□□

たからばこ→コ□□□□→し□□□□

はつひので→デ□□□□→く□□□□

ゆうえんち→ち□□□□→め□□□□

ほたてがい→イ□□□グ→グ□□□ド

※解答例は124ページ

本題 4

オムライス→ス□□□ィ→い□□□

ちんすこう→う□□□□→う□□□

アーモンド→ど□□□→う□□□□□

めんたいこ→こ□□□□→く□□□

さくらもち→ち□□□□→め□□□□

せんべい→い□□□→し□□□

マシュマロ→ロ□□□□□→き□□□

マスカット→と□□□→ル□□□

らっかせい→い□□□□→し□□□

ごもくそば→バ□□□→あ□□□□

※解答例は124ページ

イカ→かかし→しっぽ
カツオ→おかし→しつけ
サヨリ→りんご→ゴリラ
サンマ→まんが→がっこう
いくら→ラッパ→パンツ
マグロ→ロール→ループ
イワシ→しょうゆ→ユーカリ
カレイ→インコ→コアラ
スズキ→きんこ→こども
トビウオ→おじぎ→ぎょうざ

2

レタス→スミレ→れんげ
トマト→トイレ→レール
オクラ→ランプ→プール
ゴーヤ→やけい→インコ
キャベツ→つみれ→レゲエ
はくさい→インク→クジラ
えだまめ→めんこ→コアラ
かいわれ→レンガ→がいこつ
かぼちゃ→やおや→やきめし
きゅうり→りょうり→リング

3

あかとんぼ→ぼうえき→キリギリス
カレーライス→スミレソウ→うしろむき
こいのぼり→りょくちゃ→やきざかな
ながれぼし→しゅくだい→インテリア
なつまつり→りれきしょ→ヨーグルト
じどうしゃ→やまのぼり→リラックス
たからばこ→コガネムシ→しまもよう
はつひので→デンマーク→くさだんご
ゆうえんち→ちとせあめ→めだまやき
ほたてがい→イヤリング→グラウンド

4

オムライス→スパゲティ→いせえび
ちんすこう→うなじゅう→うのはな
アーモンド→どじょう→うずらたまご
めんたいこ→こんにゃく→くさもち
さくらもち→ちとせあめ→めだまやき
せんべい→いかめし→しらたま
マシュマロ→ロールケーキ→きびなご
マスカット→とんじる→ルッコラ
らっかせい→いなりずし→しらあえ
ごもくそば→ババロア→あんずあめ

謝辞

『1日が27時間になる！ 速読ドリル 短期集中編』いかがでしたでしょうか？
本書は冒頭でも説明しましたが、『1日が27時間になる！ 速読ドリル』と『頭の回転が3倍速くなる！ 速読トレーニング』で好評だった問題や新しい問題を加え、短期間に集中して取り組むことで効果が出るように構成しました。

今回の出版にあたって制作に携わってくださった、編集者の大島永理乃さん、尾澤佑紀さん、デザイナーの土屋和泉さん、また『速読ドリル』シリーズを多くの方に広めてくださっている営業部の酒井巧さん、大庫具祥さん、牟田悦雄さんにも感謝申し上げます。

また、私が速読指導を始めるキッカケをくださり、受講生第一号になってくださった師匠の竹井佑介さん、全国各地で本物の速読普及活動に協力してくださっているインストラクター講師陣のみなさん、新たな気づきを数多くくださる国内外の受講生のみなさん、読者のみなさんをはじめ、本当に多くの方々に支えていただいているおかげで、こうしてまた出版の機会をいただくことができました。感謝を申し上げるとともに、今後もさらなる能力開発に貢献させていただければ幸いに思います。

そして、影ながらメンターとして支えてくださっている青山聡一郎さん、服部遣司さん、日頃から私を支えてくれている家族にも最大限の感謝の気持ちをこの場でお伝えできればと思います。いつも本当にありがとうございます。

本書を通じて1人でも多くの方が速読をマスターし、ご自身の目標に向けて新しい一歩を踏み出せるよう祈っています。

角田和将

2017年8月吉日

角田和将　Kazumasa Tsunoda

高校時代、国語の偏差値はどんなにがんばっても40台。本を読むことが嫌いだったが、借金を返済するため投資の勉強をはじめる。そこで500ページを超える課題図書を読まざるを得ない状況になり、速読をスタート。開始から8か月目に日本速脳速読協会主催の速読甲子園で準優勝、翌月に開催された特別優秀賞決定戦で速読甲子園優勝者を下して優秀賞（1位）を獲得。日本一となり、その後独立。速読を通じて、本を最大限に活かし、時間の量と質を変えることの大切さを教えるため、国内外を飛び回っている。

セミナー講演で実施している体験レクチャーでは医師、パイロット、エンジニアなどの専門職から経営者、会社員、主婦と、幅広い層の指導にあたり、95％以上の高い再現性を実現している。
大企業から学習塾など、様々な分野での研修も実施しており、ビジネス活用、合格率アップなどにつながる速読活用の指導は好評を博している。
教室に通う受講生の読書速度向上の平均レベルは3倍以上で、「1日で16冊読めるようになった」、「半月で30冊読めるようになった」、「半年間で500冊読めるようになった」など、ワンランク上を目指す速読指導も行っている。

著書に、『速読日本一が教える すごい読書術』（ダイヤモンド社）、『速読日本一が教える 1日10分速読トレーニング』（日本能率協会マネジメントセンター）、『1日が27時間になる！ 速読ドリル』、『頭の回転が3倍速くなる！ 速読トレーニング』『遊びながら本を読む習慣が身につく！ ふしぎな読書ドリル』（総合法令出版）などがある。

著者ホームページ　https://limixceed.co.jp/blog
速読教室公式サイト https://intre.co/

1日が27時間になる！
速読ドリル 短期集中編

2017年9月7日　初版発行
2019年8月2日　7刷発行

著　者　角田和将
発行者　野村直克
発行所　総合法令出版株式会社
〒103-0001 東京都中央区日本橋小伝馬町15-18
ユニゾ小伝馬町ビル9階
電話 03-5623-5121（代）
印刷・製本　中央精版印刷株式会社

ISBN 978-4-86280-572-0

総合法令出版ホームページ　http://www.horei.com/